우리 농업, 희망의 대안

새로운 사회를 여는 지식 캠프 002

우리 농업, 희망의 대안

지은이 ∣ 박세길
토론 ∣ 새로운 사회를 여는 연구원 농업모임
펴낸이 ∣ 김성실
편집기획 ∣ 최인수 · 여미숙 · 한계영
마케팅 ∣ 이병진 · 김남숙 · 이유진
편집디자인 ∣ 하람 커뮤니케이션(02-322-5405)
인쇄 ∣ 중앙 P&L(주)
제책 ∣ 대홍제책
펴낸곳 ∣ 시대의창
출판등록 ∣ 제10-1756호(1999. 5. 11)

초판 1쇄 발행 ∣ 2007년 7월 16일
초판 3쇄 발행 ∣ 2010년 8월 2일

주소 ∣ 121-816 서울시 마포구 동교동 113-81 (4층)
전화 ∣ 편집부 (02) 335-6125, 영업부 (02) 335-6121
팩스 ∣ (02) 325-5607
이메일 ∣ sidaebooks@hanmail.net

ISBN 978-89-5940-073-7 (03300)
값 8,900 원

002

새로운 사회를 여는 지식 캠프

신자유주의를 넘어서는 지속 가능한 국민농업의 모색

우리 농업,
희망의 대안

박세길 지음 · 새로운 사회를 여는 요구연 농업모임 토론

시대의창

우리 농업,
희망의 대안을 찾아서 ███████ AGRICULTURE

새로운 사회를 여는 연구원(새사연)이 문을 열고 여러 직업
별 모임이 만들어졌는데 농업모임은 그 중 하나다. 새사연 농
업모임은 처음 기대했던 수준을 넘어서서 매우 의미심장하게
꾸려졌다. 농민운동의 다양한 흐름을 대표할 만한 분들이 골
고루 망라되었기 때문이다. 그만큼 농업모임에서의 토론은
다양한 의견을 담아낼 수 있었고 여기서 정리된 의견은 다양
한 방면으로 퍼져나갈 수 있는 가능성을 품게 되었다.

내친 김에 농업 대안을 마련하는 작업에 본격 나섰는데 초
를 잡고 토론 결과를 정리하는 것은 필자가 맡았다. 직접 농민
운동을 하지는 않았지만 지난날 사회운동을 하면서 농민운동

과 깊은 인연을 맺어왔던 것이 크게 한몫 했다.

일련의 토론 과정 속에서 큰 얼개가 만들어졌다. 필자가 제출한 '국민 모두가 당사자가 되는 국민농업'은 표현 방식을 둘러싸고 일부 이견도 있었으나 중심 개념으로 채택되었다. 처음에는 생태농업, 지역순환농업, 국민농업 등이 병렬적으로 사고되었으나 생태농업, 지역순환농업을 포괄하는, 지속 가능한 국민농업으로 재정립되었다. 아울러 지속 가능한 국민농업은 시장주의 시스템 안에서는 작동이 불가능하다는 점을 확인하면서 '신자유주의를 넘어서는 지속 가능한 국민농업'으로 좀더 명확하게 정리되었다.

물론 여기에서 전혀 새로운 과제가 제기되었다. 현장에서 요구되는 구체적인 실행 프로그램과 이를 제도적으로 뒷받침할 수 있는 방안이 제시되어야 했던 것이다. 다행스럽게도 이 책의 원고가 마무리되는 시점에 두 개의 연구 프로젝트가 추진됨으로써 문제 해결이 한층 쉬워졌다. 아마도 많은 독자들은 이 책의 내용과 함께 연구 프로젝트의 결과를 손에 넣을 수 있을 것이다.

이 책의 논리 구조는 그동안 나왔던 농업 관련 연구서와 몇 가지 점에서 질적으로 차이가 있다.

먼저 대안 농업으로서 '지속 가능한 국민농업'을 표방하고 있는 만큼 농민에 국한하지 않고 전체 국민의 관점에서 기술되었다. 특히 그동안 농업 생산과 직접적인 연관을 갖지 못했던 도시인들에 가급적 많은 지면을 할애했다. 그런 점에서 농촌 현장에서 활동하는 분들의 입장에서는 다소 어렵게 받아들일 수 있는 부분이 있을 수도 있다.

또한 이 책은 농업만을 따로 분리해 다루었던 기존 연구서와는 달리 전체 사회의 재구성과 연계하여 대안 농업에 접근하고 있다. 특히 새로운 사회복지 패러다임과 농업의 관련성을 강조하고 있다. 이를 통해 농업은 그간 평가되어왔던 것 이상으로 새로운 사회 건설에서 선도적 기능을 할 수 있음을 입증하고 있다.

마지막으로 농업과 전체 사회의 재구성을 긴밀히 연계하여 다루되 근본주의적 관점을 유지하고 있다. 즉 이 책은 자유시장과 자유무역을 지양하고 극복하는 방향에서 농업 문제에 접근하고 있다. 이는 그간 연구 결과들이 대체로 자본주의 시장경제를 전제로 하면서 접근하는 것과는 분명히 다른 입장이다. 이 같은 관점을 갖게 된 것은 본문에서 자세히 다루겠지만 이데올로기적 입장과는 무관하게 농업 자체의 본성적 요구에 따른 것이다.

현재 한국 사회는 외환위기와 신자유주의 세계화 흐름이 휩쓸고 지나가면서 극도로 황폐해지고 있다. 그럼에도 불구하고 대안 부재 상황이 지속되면서 현실을 타개하기 위한 노력이 충분히 이뤄지고 있지 않은 상태다.

이런 문제의식을 갖고 새사연은 신자유주의를 넘어서는 새로운 사회를 설계하는 데 아낌없는 노력을 기울이고 있다. 이를 위해 '노동중심 국민경제론' '통일민족경제론' '국민직접정치론'이라는 종자를 만들어냈다. 그리고 신자유주의를 넘어서는 새로운 사회 건설에 돌입해 있는 베네수엘라 혁명에 각별한 주의를 기울이면서 세상에 연구서를 발표하기도 했다.

이 책에 담고 있는 '지속 가능한 국민농업론' 역시 그러한 작업의 일환으로 제출된 것이며 나름대로 의미 있는 기여를 하리라 기대한다. 무엇보다도 이 책이 국민들이 농업의 가치를 재인식하고 농업 속에서 새로운 사회의 씨앗을 발견하는 데 도움이 되기를 바란다.

이 책의 내용은 새사연 농업모임의 토론을 기초로 전개된 것이지만 불가피하게 필자의 주관이 강하게 반영될 수밖에 없었다. 책 내용 중에는 토론 과정 없이 필자의 독자적 판단에 입각해 정리된 부분도 상당수 있다. 따라서 이 책의 내용에 대한 책임은 일차적으로 필자 본인에게 있음을 밝혀둔다.

아울러 이 자리를 빌려 자칫 딱딱한 책이 될 수 있음에도 불구하고 보다 많은 사람들이 볼 수 있는 책으로 만들기 위해 아낌없는 정성을 쏟아주신 시대의창 김성실 대표와 직원 모두에게 깊은 감사를 드린다.

박 세 길

C O N T E N T S

AGRICULTURE

우리 농업, 위기의 진단

AGRICULTURE 農業

현재 한국 농업은 모두가 인정하다시피 천길 아래로 굴러 떨어지기 직전이다. 이대로 방치하면 머지않아 아예 숨이 끊어질지도 모른다. 과연 한국 농업 위기의 본질은 무엇인가? 그리고 우리 농업을 살릴 수 있는 근본 처방은 무엇인가? 이 모든 질문을 가슴에 품고 현재 한국 농업이 어느 지점에 도달해 있으며 무엇을 요구하고 있는지 살펴보도록 하자.

고사 직전의 한국 농업

1960년대 경제 개발이 본격 시작된 이후 한국 정부는 저임금 노동력을 유지하기 위해 농산물 가격을 최대한 낮게 유지하는 정책을 고수했다. 농산물 수입의 지속적인 확대는 이를 위한 가장 강력하고 효과적인 수단이었다. 비록 쌀에 대해서는 오랫동안 시장 개방을 억제하고 추곡수매를 통해 가격을 지지하는 정책을 썼다고 하지만 그마저 생산비에도 못 미치는 수준이었다.

그 결과 농산물의 상대적 가치는 지속적으로 하락하게 되었다. 쉽게 이야기해서 1960년대 쌀 한 가마와 지금의 쌀 한가마 가치를 비교하면 하늘과 땅 차이가 나는 것이다. 결국 농민은 헐값으로 농산물을 팔고 비싼 값으로 공산품을 사는 부등가 교환에 노출되어야 했다.

이러한 현상은 공산품 구입이 확대되는 것에 비례하여 더욱 증폭되었다. 지속적인 이농현상으로 부족해진 일손을 보충하기 위해서는 어쩔 수 없이 더 많은 농기계를 구입해야 했고 신품종이 보급되면서 구입해야 할 농약과 비료도 늘어났다.

여기에다가 텔레비전이 공급되면서 자본주의 소비문화가 농촌 사회에 급속히 침투했다. 세탁기, 냉장고 등 가전제품이 빠르게 확산되었고 경쟁적 소비심리마저 가세하면서 형편이 안 되면 빚을 내서라도 구입하는 풍조가 생겼다.

돈 씀씀이가 늘어나면서 농민들은 돈을 벌기 위해 사력을 다했다. 돈이 된다는 소문만 나면 인삼도 심어보고 배추도 심고 돼지도 키우고 소도 키웠다. 아울러 항상 새벽부터 밤늦게까지 일했다. 하루 두 나절 일하던 1960년대와 비교해보면 노동시간이 거의 두 배 가까이 늘었다.

그러나 이러한 농민들의 노력은 빚만 잔뜩 늘리고 말았다. 협동조합이 제 기능을 하지 못하는 상태에서 농민들은 시장 정보에 어두울 수밖에 없었고 그러다보니 걸핏하면 장사꾼의 농간에 놀아나고 뒷북치기 현상이 반복되었다. 게다가 정부는 값이 오를 만하면 물가를 안정시킨다며 값싼 농산물을 무차별로 수입했다. 그 결과로 배추파동, 마늘파동, 돼지파동 등 각종 파동이 되풀이되었다.

도무지 돈을 벌 수 없는 구조였다. 맨입으로 농사를 짓는 것이 아닌 바에야 농사 비용은 고스란히 빚으로 남을 수밖에 없었다. 통계청 자료에 따르면 2006년 농가 한 가구당 평균 2816만 원의 빚을 지고 있고 빚의 규모가 10년 만에 140퍼센트나 급증했다. 반면 같은 기간 동안 소득은 39퍼센트밖에 늘지 않았다.

이러한 과정을 거치면서 우리 농촌은 이미 오래 전부터 목가적인 전원과는 거리가 멀어져버렸다. 농촌의 현실을 설명할 때마다 등장하는 말은 주로 무거운 부채, 줄을 잇는 자살, 끝없는 이농 등이다. 한국의 농업은 마지막 붕괴를 앞두고 힘겹게 지탱되고 있다고 해도 과언이 아니다.

한국 농업이 극한점에 이르렀다는 사실은 농업 노동력의 재생산이 붕괴되고 있다는 사실에서 극적으로 확인된다. 소득 불안과 열악한 농촌환경 탓에 지속적으로 이농이 발생함으로써 현재 농업 노동력의 절대 다수가 60대 이상의 노령층이다. 그나마 장시간 노동과 농약중독 등으로 농촌은 중환자 병동과 다름없다.

농업 경영주 중 40대 이하는 1970년대 35퍼센트 수준에서 2003년에는 3.5퍼센트로 급감했고 2013년경에는 1퍼센트 미만으로 떨어질 것으로 예상되고 있다. 이는 40대 미만 청장년이 한 명도 없는 농촌이 즐비해진다는 의미다. 이대로 가다가는 노령층이 자연사하면서 농업 자체가 문을 닫을지도 모른다. 농촌에서 아기 울음소리를 듣는 것이 매우 힘든 일이 되었음을 생각하면 결코 과장된 이야기가 아니다.

농업이 이 지경에 이르게 된 데에는 여러 가지 요인이 있지만 무엇보다도 개방 농정으로 인해 농산물 시장이 국제 농업자본에 유린당한 점을 꼽을 수 있을 것이다. 사실 한국 정부가 추진한 공업부문에서의 개방 정책은 적어도 외형상으로는 상당한 성공을 거두었다고 할 수 있다. 대기업들은 개방 체제의 이점을 살려 세계 시장 곳곳을 누비면서 매출을 크게 늘려왔기 때문이다.

한국 정부는 이러한 개방 정책을 추진하기 위해 농산물 시장 개방을 헌납해왔다. 즉 국내 농산물 시장을 국제 농업자본의 먹잇감으로 내줌으로써 세계 시장에 진출할 수 있는 기회를 마련해왔던 것이다. 물론 개방화에 대비한 경쟁력 강화를 목적으로 일련의 농업 구조조정 방안이 마련되고 상당한 자금이 투입되었다. 하지만 결과는 참담한 실패로 끝나고 말았다. 섣부른 경쟁력 강화 논리는 정책적 실패를 수반하면서 농가부채만 대폭 증대시켰을 뿐이다.

이러한 상황에서 농민들은 개방 농정으로 치닫는 국가 정책을 저지하기 위해 치열하게 투쟁해왔다. 매년 전국적 규모의 농민투쟁이 전개되었으며 마침내 2002년에는 쌀 개방을 저지하기 위해 전례 없는 대규모 투쟁을 전개했다. 여기서 그치지 않고 2004년 한 해 동안에는 한칠레 자유무역협정을 저지하기 위해 140회가 넘는 크고 작은 상경투쟁이 전개되었으며, 2005년 쌀 개방 국회 비준을 저지하기 위한 투쟁 과정에서는 농민 두 명이 목숨을 잃는 참사가 벌어지기도 했다.

처절한 농민의 저항은 개방 농정의 속도를 늦추고 정부의 보완 정책을 이끌어내는 데 일정 정도 성공하였다. 그러나 서로 긴밀하게 연결된 세 가지 문제점이 농민투쟁에 대해 국민적 공감을 형성하는 데 어려움으로 작용하였다.

첫째, 수출의존도가 높은 한국 경제의 특성상 농업의 희생은 불가피하다는 정부의 주장은 인구의 절대 다수가 공업 발전에 자신의 삶을 의존하고 있는 조건에서 쉽게 다수 국민의 암묵적 동의를 얻어왔다. 농민운동 세력도 이 점에 대해 충분히 인식하고 있었지만 결정적인 해결책을 찾지 못한 것이 사실이다.

둘째, 관행농법에 따라 생산된 우리 농산물이 수입 농산물

못지않은 불신의 대상이 되어왔다는 점을 들 수 있다. 그 결과 다수의 국민들이 우리 농업을 반드시 지켜야 할 그 무엇으로 받아들이도록 하는 데 어려움을 겪을 수밖에 없었다.

셋째, 농민운동 세력의 의도와 관계없이 농민투쟁은 주로 농산물의 가격 안정과 농민의 소득 보전에 초점을 맞추고 있는 것으로 비춰졌다. 그 결과 농업이 갖는 다원적 가치를 지렛대로 하여 다양한 진보 세력과 폭넓게 연대하는 데 한계가 있었다.

물론 이러한 한계가 있었다고 해서 그 누구도 농민을 비난하지 못할 것이며 해서도 안 될 것이다. 어쩌면 농민들은 자신들로서는 감당하기 힘든 상대와 맞서 사력을 다했는지 모르기 때문이다. 굳이 농민들의 잘못을 들추어내자면 무능하고 어리석기 짝이 없는 한국 정부에게 지나치게 많은 기대를 걸었다는 점일 것이다.

그렇다고 농업을 포기할 것인가

혹시 11월 11일이 무슨 날인지 아는가? 대부분은 '빼빼로데이'라고 대답한다. 정작 11월 11일은 법정기념일 가운데 하나인 '농업인의 날'임을 아는 사람은 거의 없다. 11월 11일이 농업인의 날로 공식 제정된 것은 1996년이다. 그 이전부터 농업인의 날을 제정하자는 의견이 있었지만 우루과이라운드UR

타결에 따른 세계무역기구WTO 출범을 계기로 정부가 공식 제정했다. 농업인의 날을 11월 11일로 택한 배경도 이채롭다. 농업과 밀접한 연관이 있는 흙 토土자를 풀어쓰면 열 십十자와 한 일一자가 된다. 즉 토월토일土月土日인 11월 11일이 농업인의 날이 된 것이다.

그러나 현실을 보면 농업인의 날은 한 회사의 제품 판촉용에 불과한 빼빼로데이로 대치되고 있다. 단순한 이야기지만 우리 사회에서 농업이 얼마나 우습게 취급받고 있는지를 상징적으로 드러내고 있다.

이렇듯 농업을 괄시하는 사회적 분위기가 형성된 것은 정부의 농업경시 정책에 일차적 책임이 있다. 흔히 농업을 1차산업으로 분류한다. 일부 몰지각한 경제 관료들은 1차산업을 저부가가치 산업으로 규정하고 사양의 길을 걸을 수밖에 없다고 주장한다. 특히 모든 것을 상품화하고 상품가치로 재단하는데 익숙해 있는 사람들에게는 농업이 우습게 보일 수도 있다.

그들에 따르면 한국 농업 부문의 연간 부가가치는 2006년 기준 18조 원 정도인데 이는 몇몇 재벌그룹의 연간 순이익을 합친 정도밖에 되지 않는 규모다. 이러한 관점에서 보면 정부가 농업에 투자하는 것은 비경제적인 낭비이며 농민에 대한 직접지불 역시 시장 원리에 벗어난 특혜일 뿐이다.

그러나 몇 가지 점만 살펴보면 이러한 농업경시 태도가 얼마나 시대착오적이며 위험천만한 것인지를 금방 알 수 있다.

먼저 경제 관료들이 교과서로 삼고 있는 선진국으로 눈을 돌려보자.

선진국들은 농가 소득을 국가 재정에서 직접 보상하는 직접지불제를 서두르고 있다. 직접지불에 따른 소득이 전체 농가 소득에서 차지하는 비중은 미국 28퍼센트, 유럽연합 35퍼센트, 캐나다 38퍼센트에 이르고 있으며 그 비중이 갈수록 높아지고 있다. 또한 거의 모든 선진국들은 통상 협상에서 자국 농업에 불리하다고 판단되면 협상 대상에서 예외로 삼는 것을 관례처럼 하고 있다. 심지어 우리와 유사한 농업구조를 가진 일본은 자유무역협상에서 농업부문을 제외하는 것을 기본 방침으로 삼아왔다.

선진국일수록 농업을 중시하고 국가 차원에서의 지원을 강화하고 있는 것이다. 왜 이런 현상이 나타나는가. 그들 나라에서 농업의 비중은 우리보다 훨씬 커서 그런가? 그렇지 않다. 선진국의 농업 비중은 보통 전체 국민경제의 2퍼센트 수준으로 4퍼센트 수준인 우리보다 낮다.

선진국들이 농업에 막대한 자금을 투입하는 이유는 간단하다. 농업의 보호와 육성을 위해 투입해야 할 자금보다 농업이 붕괴했을 때 지불해야 할 대가가 훨씬 크기 때문이다. 문제를 쉽게 이해하기 위해서 한국의 농업이 완전 해체되어 몰락되었다고 가정한 다음 어떤 결과가 나타날지 상상해보자.

농업이 완전 붕괴되었을 경우 떠올릴 수 있는 첫 번째 장면은 심각한 식량안보 위기일 것이다. 세계 곡물 시장은 갈수록 요동치고 있다. 기상이변에 따라 곡물 생산은 감소되는 데 반해 중국과 인도가 경제대국으로 떠오르면서 식량 수요가 크게 늘어나고 있다. 2003년 미국 국방부 보고서와 2005년 독일 경제연구소 보고서의 지적에 따르면 21세기 중반에 이르면 전 세계 식량이 절대적으로 부족해질 가능성이 높다고 한다.

이미 세계의 곡물 재고율은 세계식량농업기구FAO 권장 적정 재고율인 17~18퍼센트를 크게 밑돌아 세계적인 식량부족 사태 발생이 우려되고 있다. 이러한 예측은 결코 근거 없는 협박이 아니다. 이미 지난 7년간 6년이나 공급부족 사태가 일어났기 때문이다. 이런 점에서 식량자립은 정책적 선택의 문제가 아니라 반드시 해결해야 할 사활적 과제라고 할 수 있다.

식량 공급이 절대적으로 부족한 상황에서 식량은 가장 강력한 무기로 돌변할 것이 분명하다. 다른 공산품은 소비를 억제할 수 있지만 식량 소비는 그렇지 못하기 때문이다. 결국 식량 수입국은 수출국의 요구에 절대적으로 굴복할 수밖에 없다. 이 같은 상황에서는 아무리 막대한 군사비를 들여 첨단무기를 비축해 놓아도 아무런 쓸모가 없다.

다가오는 위기에 대처하기 위해 중국은 식량 증산을 국가의 최우선 과제로 설정하고 있다. 2004년 곡물최저수매가제 실시에 이어 2006년 농업세 폐지를 단행했다. 일본 또한 식량안보를 현실적 위기로 판단하고 자급을 위해 발 빠르게 움직이고 있다. 40퍼센트 수준인 식량자급률을 45퍼센트로 끌어올린다는 목표를 추진하면서 유사시에는 휴경지 100만 헥타르를 경작하여 식량 위기를 극복한다는 복안도 갖고 있다.

그렇다면 한국의 사정은 어떠한가? 우리의 식량자급률은 25퍼센트 수준에 불과하다. 연간 1500만 톤의 곡물을 수입하고 있다. 그에 따라 먹을거리 체계가 근본적으로 흔들리고 있다. 우리 음식문화에서 중심 역할을 해온 콩을 예로 들어보자.

콩의 원산지는 만주인데 만주는 우리 민족의 활동 무대였기 때문에 곧 우리나라가 원산지라고 할 수 있다. 그러다보니 우리나라 음식문화는 콩을 중심으로 이루어져 있다. 콩으로 메주를 쒀서 간장, 된장, 고추장을 담근다. 간장, 된장, 고추장 등 음식문화의 기초인 장류는 모두 메주를 재료로 하는데 이는 콩을 발효시킨 것이다. 그 밖에도 콩으로 두부를 만들고 콩나물을 길러 먹는 등 콩의 이용 범위는 매우 광범위하다.

문제는 원산지가 우리나라임에도 불구하고 대부분의 콩이 수입되고 있다는 사실이다. 국내에서 생산되는 콩의 비중은 2003년 기준으로 7.3퍼센트밖에 되지 않는다. 된장찌개가 아무리 우리 음식이라고 열심히 먹어대도 그것은 십중팔구 수입 콩으로 만든 것이다. 겉만 우리 음식이지 속은 수입품인 것이다. 심지어는 중국산 콩나물이 직접 들어오고 있는 실정이다. 식당에서 사용하는 콩나물 중에서는 중국산이 흔하게 발견되고 있다.

사정이 이러함에도 불구하고 농업의 마지막 명줄마저 끊어 놓을지 모르는 한미자유무역협정FTA를 맺어야 한다고 난리다. 시시각각 다가오고 있는 위기상황에 대해 의식조차 하지 못하고 있는 것이다.

농업 붕괴로 야기되는 두 번째 장면은 농업이 지닌 다원적 기능의 상실이다.

농업은 식량 생산 이외에도 생물 다양성 유지, 홍수 조절, 온도 및 습도 조절, 대기 정화, 토양 보존, 공동체 유지, 전통 문화 계승, 정서 함양 등 다양한 기능을 수행하고 있다. 세계식량농업기구는 이것을 농업의 다원적 기능이라고 보고 있다. 경제협력개발기구OECD는 1998년 농업각료회의에서 이 기능의 중요성을 인정하고 회원국이 확보해야 할 공동목표로서 선언문에 채택했다.

만약 농업이 붕괴되어 논밭이 황폐화된다면 홍수 조절 기능의 약화와 함께 용수난을 초래할 가능성이 높다. 또한 열을 흡수해서 온도를 조절하고 수질을 정화하며 지하수를 보전하는 기능 또한 사라질 것이다. 그동안 논밭에서 뿜어내었던 엄청난 규모의 산소량 역시 크게 줄어들 것이다. 무서운 환경재앙이 닥칠 수 있는 것이다. 이와 함께 경관 파괴에 따른 정서 불안이 증대하고 공동체 기반이 와해되는 등 각종 사회문제를 야기할 수 있다.

만약 농업이 수행하던 이 같은 다원적 기능을 다른 방식으로 대체하려고 한다면 천문학적인 자금이 소요될 것이다. 농업의 다원적 가치를 화폐 가치로 환산하는 것은 쉽지 않지만 전문가들은 농업이 지닌 농업 외적인 가치를 순수한 농업생산물 가치의 최대 열 배 정도에 이르는 것으로 추산하고 있다.[1]

참고로 지난 2005년 경실련 경제정의연구소에서는 도시민들에게 농촌의 존재 가치를 묻는 설문조사를 진행했는데, 도시민들은 향후 우리나라 농촌의 중요해질 기능으로 생태환경 유지(31.8퍼센트), 농산물 생산(31.2퍼센트), 지역공동체 형성(16.5퍼센트) 등을 꼽았다. 국민들 사이에서는 농업의 다원적 기능에 대한 인식이 높아져가고 있음을 반증하는 것이다.

농업 붕괴가 초래할 세 번째 장면은 미래 산업 발전에서의 선도적 기능의 상실이다.

오늘날 각광받는 대표적인 신기술로 나노기술을 떠올릴 수 있다. 나노기술은 나노미터(1억분의 1미터) 세계에서 물질을 만들어내는 것인데 그 세계에서는 그 어떤 도구도 사용할 수 없다. 결국 생명의 세계에서 일어나는 자기조립의 성질을 이용할 수밖에 없다.

생명계에서는 나노미터 이하의 분자, 나노 크기의 분자 또는 분자 복합체, 심지어는 그 이상 크기의 복합 물질들이 스스로 알아서 서로 뭉쳐 세포를 형성하고 이러한 세포들이 자가 조립하여 눈, 코, 귀, 입과 같은 제각기 다른 기능을 수행하는 기관으로 분화한다. 나노기술이 완벽하게 구현되고 있는 것이다. 이런 점에서 나노공학은 필연적으로 생명체의 원리에 의존할 수밖에 없다. 나노공학이라는 관문을 통과했을 때 진입하는 궁극적인 세계는 바로 생명의 세계다. 결국 21세기는 생명의 원리를 잘 배우고 익힐 때 사회 발전을 보장할 수 있는 시대라고 할 수 있다. 20세기가 화학의 시대라면 21세기는 생물학의 시대인 것이다

그런데 농업은 가장 오랜 세월 동안 자연 생태계와 교감하면서 생명을 기르는 노하우를 축적해온 산업이다. 인간이 의식했든 하지 않았든 농업은 생물학적 원리를 바탕으로 진행되어왔다. 이런 점에서 농업은 앞으로 생명을 기르는 산업으로서 가장 선도적인 산업이 될 것이다. 인류 문명사의 전환은 농업의 공업화가 아니라 공업의 농업화로 방향을 잡아갈 것이다. 결국 농업을 경시하는 나라는 21세기 경쟁 구도에서 탈락할 수밖에 없다.

눈에 보이는 것보다 눈에 보이지 않는 것이, 손에 잡히는 것보다 손에 잡히지 않는 것이 더 소중한 경우가 많다. 농업이 바로 그러하다. 특히 최근 생명 가치, 생태 가치가 새로운 시대의 핵심 코드로 등장하면서 농업의 가치는 가일층 상승하고 있다. 선진국일수록 농업을 귀중하게 여기고 아낌없이 투자하는 것은 그에 따른 자연스런 선택이다. 이런 점에서 농업을 경시하고 포기하는 것은 용납할 수 없는 우둔함의 극치라고 할 수 있다.

역사에서 배운다

우리 역사를 되돌아보면 거의 모든 전쟁이 우리 영토 안에서 벌어졌다. 국경선에서 공방전을 벌이거나 영토 밖에서 전쟁을 치른 경우는 거의 없다. 광개토대왕의 정복전쟁은 엄밀히 말하면 고조선의 영토를 되찾기 위한 영토회복 전쟁이었다.

영토 안에서의 전쟁은 수나라와의 전쟁처럼 적극적인 유인에 의한 것이거나 임진왜란처럼 관군의 방어선이 무너진 결과였다. 그런데 공통점이 있다. 어느 경우든 영토 안에서의 전쟁은 전민중적인 항전으로 뒷받침되었고 승부 또한 그것으로 판가름났다. 우리 역사에서 가장 큰 규모의 침입이었던 수나라와의 전쟁은 이 점을 생생하게 보여준다.

고구려가 수나라 대군과의 전쟁에서 승리할 수 있었던 것은 이른바 청야수성淸野守城 전술(들을 비우고 성을 지키는 전술)에 입각해서 민초들이 광범위하게 참여하고 희생한 결과였다. 고구려는 본디 이민족과의 장기적인 항전을 거쳐 성장한 나라였다. 이 과정을 통해 고구려인들은 신분의 고하와 남녀노소를 가릴 것 없이 일상적으로 무예를 익히고 각종 준군사 조직에 포괄되어 있었다.

이러한 가운데 수나라 대군이 침략해오자 고구려 백성들은 너나할 것 없이 들판에 자라고 있던 곡식과 거주하던 집들을 불태우고 모두 성 안으로 들어가 방어태세를 구축했다. 고구려 백성들은 남녀노소 가릴 것 없이 목숨을 걸고 저항하였고 그 결과 수나라 군대의 공격으로부터 성을 거뜬히 지켜낼 수 있었다.

난관에 부딪힌 수나라는 작전을 바꾸어 성을 점령하는 것을 포기한 채 곧바로 평양으로 진격했다. 수도를 점령하여 왕을 사로잡기만 하면 승리는 확정적이라 판단했던 것이다. 하지만 수나라 군대가 이르는 곳마다 이미 들판이 불태워지고 아무것도 남아 있지 않은 상태였다. 현지로부터 식량을 조달하는 것이 불가능해진 것이었다. 도리 없이 수나라 대군은 중국 본토에서 식량과 군수물자를 실어나를 수밖에 없었다. 그에 따라 중국 본토로부터 고구려 땅 깊숙이 기나긴 보급행렬이 이어지게 되었다.

고구려인들은 이러한 상황을 간과하지 않았다. 성을 지키고 있던 고구려 군사들은 도처에서 수나라 보급행렬에 기습적인 공격을 퍼부었다. 그에 따라 점점 많은 수나라 군사들이 보급행렬을 보호하는 데 돌려지면서 정작 전투에 투입할 수 있는 군대 수는 갈수록 줄어들었다. 초조해진 수나라 군대는 전투병사가 직접 식량을 져 나르도록 했으나 고통을 견디지 못한 군사들이 식량을 몰래 버리거나 도망치는 사태가 빈번해졌다.

이러한 과정을 거쳐 수나라 군대가 평양에 도착했을 무렵에는 이미 전투를 수행할 수 없을 만큼 기진맥진해 있는 상태였다. 때맞추어 고구려 정규군의 전면적인 반격이 시작되자 수나라 대군은 연쇄적인 붕괴를 면치 못하게 되었다. 이렇듯 고구려는 전 민중의 항전을 통해 수나라 대군의 침략을 격퇴할 수 있었다.

임진왜란 역시 의병이라는 이름의 민간 게릴라들의 맹렬한 활동으로 왜군을 물리칠 수 있었다. 이 점은 대표적인 의병부대였던 곽재우 의병부대를 통해 확인할 수 있다. 곽재우 의병부대는 곽재우와 그의 하인 10여 명으로 출발했는데 절정기에는 2000여 명에 이르렀다고 한다. 흥미로운 것은 부대 안에서는 일체의 신분차별이 허용되지 않았다고 하는데 이러한 평등의식은 당시로서는 가히 혁명적이라고 할 수 있다.

곽재우 의병부대는 이순신 장군이 이끈 수군과 마찬가지로 자기 땅에서 싸울 때 누릴 수 있는 이점을 최대한 살렸다. 적군의 동태에 대해서는 백성들을 통해 소상하게 파악하면서 지형지물을 효과적으로 이용했다. 이를 통해 유인, 매복, 기습 등 신출귀몰한 게릴라 전을 전개함으로써 연전연승을 거둘 수 있었다.

전쟁의 양상을 종합해보면 대체로 전쟁은 침략자가 우리 영토 안으로 깊숙이 들어온 다음부터 본격적인 국면에 접어든다. 그리고 이 국면에서 민중이 전쟁의 주역으로 등장하면서 전쟁은 으레 전 민중적인 항전의 양상을 띠게 된다.

그렇다면 과연 이러한 전쟁 양상을 과거의 일로 간주하고 그것도 군사 분야로 국한시켜 이해해야 할 것인가. 결코 그렇지 않다. 오늘날도 여전히 의미를 가지며 사회 모든 분야에서 재현될 수 있다. 아마도 고사 직전의 농업을 회생시키는 전략 수립에서 가장 먼저 효험을 발휘할 것으로 믿는다.

유일한 활로, 국민농업으로의 전환

국제 농업자본은 신자유주의로 완벽하게 세뇌되어 있는 한국 정부의 협력을 받으며 거침없이 국경선을 돌파하였고 일거에 우리 농산물 시장을 점령하고 말았다. 그나마 버티고 있었던 쌀 시장마저 개방한 것은 이를 상징적으로 드러내는 사건이다.

지금부터 우리에게 중요한 의미를 갖는 것은 바로 이 지점이다. 국제 농업자본이 국경선을 돌파하는 것을 저지하는 데 모든 힘을 쏟아붓는 것은 더 이상 의미를 가질 수 없게 된 것이다. 그것은 흔히 하는 말로 버스 지난 다음 손 흔드는 격이다. 이제 어쩔 수 없이 투쟁 전략을 전환할 수밖에 없다. 여기서 우리는 오랜 역사적 전통을 갖는 자기 땅에서의 민중 항전을 되살릴 필요가 있다.

과거 식민지 시대와 달리 농민은 전체 인구의 7퍼센트 정도로 매우 적은 비중을 차지하고 있다. 그나마 고령자가 대부분을 차지하고 있는 형편이다. 이 적은 농업 인구만으로 거대한 국제 농업자본의 힘에 대항한다는 것은 처음부터 온당치 않은 일이라고 할 수 있다. 아무리 강도 높은 투쟁을 전개한다 해도 원천적인 한계를 지닐 수밖에 없다. 도리 없이 우리는 사고의 획기적인 전환을 모색하지 않으면 안 된다.

결론을 말하자면 농업은 국민 전체가 이해 당사자로서 먹을거리 문제를 함께 책임지는 국민농업으로 전환해야 한다. 국민 모두의 힘으로 농업을 지키고 일궈나가야 하는 것이다. 이러한 국민농업으로의 전환은 농업이 지닌 고유한 특성에 비추어볼 때 선택의 여지가 없다고 할 수 있다.

우리 농업이 국민 모두가 이해 당사자가 되는 국민농업으로 발전하기 위해서는 기본적으로 세 가지를 충족할 수 있어야 한다.

첫째, '안전한 먹을거리'를 '안정적으로 공급'할 수 있어야 한다.

농업의 일차적 기능은 식량자급을 포함해서 먹을거리를 안정적으로 공급하는 것이다. 식량안보 상황이 갈수록 위태로워지고 있는 작금의 현실에 비추어볼 때 이러한 농업의 역할은 더욱 더 강조되어야 한다. 그러나 먹을거리의 안정적 공급은 안전한 먹을거리 제공이라는 질적 측면이 함께 고려되어야 한다.

요즘 건강한 식생활을 보장할 수 있는 안전한 먹을거리 확보가 갈수록 높은 관심을 끌고 있다. 단순히 배를 불리는 것으로 만족하는 시대는 지나갔다. 따라서 농업은 얼마만큼의 농산물을 생산할 것인가 하는 양적 생산에서 어떤 농산물을 공급할 것인가 하는 질적 생산을 함께 고려해야 한다. 그럴 때 모든 국민이 우리 농업에 대해 보다 깊은 이해관계를 가질 수 있다.

둘째, 농업의 다원적 기능을 유지할 수 있어야 한다.

농업의 다원적 기능은 국민 모두의 이해관계와 직결된다. 파괴된 생태계를 복원하고 공기를 정화하며 홍수를 조절하는 등의 기능은 국민 모두에게 실질적인 혜택을 안겨준다. 만약 이러한 다원적 기능이 사라지게 된다면 농업과 국민 사이의 결합력은 크게 약화될 것이다.

셋째, 농민의 생존을 국민 모두가 함께 책임질 수 있어야 한다.

농민 생존은 농업의 목적이면서 전제 조건이기도 하다. 선진국이 되기 위한 징표에는 여러 가지가 있을 수 있지만 결코 빼놓을 수 없는 것이 농업을 국가 기간산업으로 간주하면서 농민의 사회적 지위가 상승하는 것이다. 특히 새로운 세기를 맞이하여 농업은 생명 산업으로 그 가치가 재평가되면서 농민을 전문직의 하나로 간주하는 경향이 갈수록 강해지고 있다.

중요한 것은 이 모든 것을 농민의 몫이라고만 생각해서는 안 된다는 점이다. 안전한 먹을거리를 공급하고 다원적 기능을 유지하는 것은 농민이 개인의 이익을 넘어 사회적으로 크게 공헌하고 있음을 의미한다. 당연히 이에 대한 정당한 평가와 사회적 보상이 뒤따라야 한다. 농업이 지니는 사회적 가치에 합당하게 농민의 생존은 사회적으로 보장되어야 한다.

참고로 지난 2005년에 있었던 경실련의 조사에 따르면 도시인들은 농업 및 농촌 지원을 위한 추가 세금부담에 대해서는 51.1퍼센트가 찬성, 45.9퍼센트가 반대하는 것으로 확인되었다. 비록 근소한 차이지만 찬성이 많음을 알 수 있다.

농민은 국민 모두에게 안전한 먹을거리를 제공하고 다원적 기능을 유지하며, 거꾸로 국민은 농민의 생존을 보장하는 관계가 형성될 때 우리 농업은 강력한 자생력을 갖추게 된다. 안전한 먹을거리의 안정적 공급, 농업의 다원적 기능 유지, 농민의 생존권 보장 등을 동시에 충족시킬 수 있는 것은 오직 우리 땅에서 우리 손으로 일궈지는 우리 농업밖에 없기 때문이다. 이러한 요소들은 결코 수입 농산물로 대체될 수 없다.

또한 전체 국민이 직접적 이해 당사자가 되는 조건에서만 정부의 적극적 역할을 이끌어낼 수 있다. 식량자급률을 법제화하고 직접지불제 등 농민에 대한 지원을 확대하는 것이 그중 하나다. 지금까지 수없이 확인해왔듯이 대다수 국민이 농업의 존폐에 대해 절실한 이해관계를 느끼지 않는 조건에서 정부의 역할을 기대하는 것은 한계가 있을 수밖에 없다. 정부를 움직이는 것보다 국민을 움직이는 것이 먼저다. 바로 이 점이야말로 그간의 지난한 투쟁을 통해 얻은 가장 뼈아픈 교훈이라고 할 수 있다.

이 모든 요건이 갖추어졌을 때 수입 농산물은 우리 밥상에서 추방되기 시작할 것이며 마침내는 국경선 밖으로 밀려날 것이다. 그리하여 신자유주의 세계화 흐름으로부터 농업을 해방시키는 데 이를 것이다. 이 같은 우리의 전략을 가장 평이하게 표현하자면 일종의 '늪 전략'이라고 할 수 있을 것이다.

늪은 생태의 보고로 알려져 있다. 반면 외부에서 잘못 발을 들이면 목숨을 잃는 곳이기도 하다. 내부자에게는 생명의 늪이지만 외부자에게는 죽음의 늪인 것이다. 우리는 이러한 늪을 지속적으로 확장시켜가야 한다. 국민 모두가 힘을 합쳐 국민에게는 생명의 늪이면서 국제 농업자본에게는 죽음의 늪이 되는 농업을 만들어야 한다. 그것만이 농업을 살리고 농민을 살리는 유일한 길이다.

근대 농업의
위기

02

AGRICULTURE

국민농업은 농업이 지속 가능한 조건에서 농민과 비농민 사이의 분리 대립을 극복할 때 가능하다. 여기서 농업의 지속 가능성 위기를 극복하는 것은 모든 논의의 첫 번째 화두가 된다. 지속 가능성을 상실한 상태에서는 그 어떤 대안도 무의미하기 때문이다. 문제는 오늘날 농업이 바로 그 지속 가능성 위기에 직면해 있다는 점이다. 결국 우리의 논의는 근대 농업이 어떻게 해서 이런 상태에 직면하게 되었는지 원인을 파헤치는 것으로 시작할 수밖에 없다.

천년을 살아 숨쉰 농업

지금 우리가 볼 수 있는 논밭은 짧게는 수백 년에서 길게는 수천 년에 걸쳐 조상 대대로 농사를 지어온 땅이다. 그 기나긴 세월 동안 극심한 홍수나 가뭄 혹은 전쟁 등 각종 재해가 발생하지 않았다면 별 탈 없이 농사는 이어져왔다. 말하자면 우리 조상들은 지속 가능한 농업 체계를 유지해왔던 것이다.

과학기술이 뒤떨어졌다는 과거에 어떻게 해서 이런 일이 가능할 수 있었을까? 여기에는 크게 세 가지 비밀이 있다.

첫 번째 비밀은 생물 다양성을 지켜온 '논'에 있다.

근대 이전의 농업이 1만 년 동안 지속 가능했던 이유는 양분 순환과 함께 생물(종) 다양성이 유지되었기 때문이다. 생물의 다양성은 다양한 영양분을 공급함으로써 지력을 유지시키고 천적과 익충 등의 형태로 자연방제 능력을 제공해왔다. 이러한 생물(종) 다양성을 유지시킨 것이 바로 전통 농업의 중심인 논이다. 논은 겉으로 보면 오늘날 농업의 지속 가능성 위기를 초래하는 한 요소인 단작의 모습을 띠고 있다. 그러나 자세히 들여다보면 생태계의 보고인 인공습지의 기능을 톡톡히 수행하고 있음을 알 수 있다.

논은 삼림에서 흘러내린 하천과 저수지 및 수로와 밀접하게 연결되어 생성되었기 때문에 삼림—하천—강—저수지—

수로는 논과 함께 복합적 생태계를 구성한다. 이러한 복합적 생태계의 한 부분인 논에는 벼가 압도적으로 많지만 담수어는 하천-호수-논을 서로 왕래하며 생활하고 메기나 붕어 등은 산란 장소로 논을 활용하는 경우도 많다. 또한 논은 물방개류와 잠자리류 등 수생곤충의 멸종을 방지하고 그들 종의 다양성을 유지시키고 있다.

인공습지로서 논은 많은 생물들이 모이는 곳으로 다양한 식물은 물론 그것을 먹이로 하거나 그것에 의지하는 다양한 곤충류와 물고기가 생식하고 그것을 먹이로 하는 조류가 모이며 다시 이를 잡아먹는 매나 독수리 등 육식동물이 모여들어 다양한 생태계를 이룬다. 여기에 머물지 않고 논은 주변의 관개용 저수지와 수로, 잡목림과 초원, 동네 야산 등이 유기적으로 조화를 이루는 보다 큰 복합 생태계의 일부가 된다.

이렇듯 논은 주변 환경과 유기적인 조화를 이룬 복합 생태계로서 벼 재배에 최적의 환경을 제공하는 뛰어난 시스템으로 재평가되고 있다. 또한 지속 가능한 농업의 필수 조건인 생물다양성을 유지시키는 것은 물론이고 부수적으로 메기, 붕어, 미꾸라지, 우렁이, 새우와 같은 보조식품까지 제공해 주었다.

이 같은 논의 특성은 외국인들이 보기에도 매우 경이로운 것이었다. 1909년, 태평양을 건너 대한제국의 논농사를 보러 온 미국인이 있었다. 미국 위스콘신 대학교의 농학교수였던 킹F. H. King(1848~1911)은 아홉 달 동안 대한제국과 청, 그리고 일본의 논을 답사하였다. 그는 《Farmers of Forty Centuries, or Permanent Agriculture in China, Korea and Japan》에서 우리의 벼농사를 '지속가능한 농업Sustainable agriculture'으로 평가하면서 다음과 같이 언급하였다.

"미국을 계속 유지하고자 한다면, 또 우리가 이 몽고족 나라들처럼 3000년, 4000년에 걸쳐 역사를 잇고자 한다면, 또 그 역사에 평화가 이어지고 기근과 전염병이 없게 하려면, 미국은 방향을 다시 잡아야만 한다. 지속 가능하도록 자원을 보전하는 데에 농사의 초점을 맞추어야 한다."

논은 '공간적으로 잘 배치되어 유기적으로 조화를 이룬 다양한 복합적 습지생태계'다. 그런데 논의 다원적 가치에 대한 논의와 평가는 논의 저수 기능과 벼 재배 기능을 중심으로 하여 극히 제한적이었다. 더구나 정부는 논을 '공간적으로 잘 배치되어 유기적으로 조화를 이룬 다양한 복합적 습지생태계'로서 인식하기는커녕 하나의 '쌀 생산공장'으로 간주하면서 WTO 협상, FTA 협상에 임해왔다. 이는 논의 무한한 가치를 스스로 부정하는 것에 다름 아니다.

두 번째 비밀은 분뇨 재활용을 통한 '영양 순환'에 있다.

자연현상의 근본은 '순환'하는 데 있다. 물은 비가 되어 강과 바다를 이루고 다시 수증기를 거쳐 구름이 된 뒤 다시 비가 되어 내리는 순환을 반복한다. 순환하는 자연의 원리는 생명체에서도 그대로 재현된다. 생명체를 유지하는 기본 활동인 신진대사가 바로 그것이다.

농업은 바로 이 같은 자연의 순환원리를 생산 활동에 온전히 적용한 것이라고 할 수 있다. 토지에서 양분을 흡수하여 농사를 짓고 이를 통해 사람과 동물이 먹을거리를 해결하고 배설물을 다시 토지에게 돌려줌으로써 지력을 유지하는 순환 구조를 형성한 것이다. 농업이 같은 토지를 사용하면서도 1만 년 동안이나 유지될 수 있었던 것은 바로 이러한 순환 덕분이다.

옛말에 "기회자장삼십棄灰者丈三十, 기분자장오십棄糞者丈五十"이라는 말이 있다. 재를 버리는 자는 곤장 30대를, 분뇨를 버리는 자는 곤장 50대를 치라는 이야기인데 이는 재와 분뇨가 함부로 버려져서는 안 되는 농사의 필수 요소였음을 말해준다. 그만큼 전통 농업은 순환에 의존한 농업이었다.

근대 이전 유럽에는 화장실이 없었다. 근대의 대표적인 건축물이라는 프랑스의 베르사이유 궁전에도 화장실이 없다. 왕실조차 아무 곳에다 배설물을 쏟아냈다. 도시의 거리는 집집마다 쏟아내는 배설물로 그득 찼다. 유럽인들은 인간의 배설물을 한 곳으로 모아서 재활용하는 데 미흡했음을 알 수 있다.

그러나 우리 조상들은 달랐다. 조상들은 오래 전부터 인간의 배설물을 귀한 자원으로 간주하고 한 곳에 잘 모았다가 논밭에 뿌렸다. 이를 통해 토지약탈을 일삼지 않고 한 곳에서 오랫동안 농사를 지을 수 있었다.

세 번째 비밀은 우리 민족에게 특수하게 나타나는 콩 중심의 먹을거리 체계에 있다.

우리 민족은 쌀이 주식이었지만 부식은 콩이 중심이었다. 앞에서 언급한 바와 같이 콩으로 메주를 쒀서 간장, 된장, 고추장을 담그고 두부와 콩나물, 콩조림, 콩국수 등의 음식을 만든다. 콩을 떠나서는 먹을거리 체계가 유지되지 않을 정도다. 이는 콩의 원산지가 우리 고토였던 만주라는 사실과 무관하지 않을 것이다.

또 콩은 친환경적 방법으로 농업 생산력을 높이는 대표적인 작물이다. 우선 콩은 아무 곳에나 심어도 자랄 만큼 생장력이 뛰어나다. 그렇기 때문에 논두렁처럼 노는 땅을 이용해 콩을 심을 수 있다. 아울러 콩은 농업에서 필수적인 질소 함유량을 유지시킴으로써 다른 작물의 성장에도 도움을 준다. 다른 작물 사이에 콩을 섞어 심으면 질소 비료를 투입한 효과를 거둘 수 있다.

콩은 밭에서 나는 쇠고기라고 할 만큼 단백질이 풍부하다. 요즘은 콩을 원료로 하는 식물성 고기가 개발되어 공급되고 있을 정도다. 이렇듯 콩은 풍부한 단백질을 제공함으로써 목축업의 과잉 발전을 억제해왔다. 이는 생태계의 균형을 위해 매우 중요한 작용이다. 왜냐하면 목축업은 콩을 통해 단백질을 섭취하는 것보다 훨씬 많은 지력을 소모해야 하기 때문이다. 생산성이 그만큼 떨어지는 것이다.

도시화와 자본의 농업 지배

근대 이후 농업은 자본주의 발전과 맞물리면서 급속하게 생산성이 향상됐다. 여기에는 식량 증산을 위한 녹색혁명 등 일련의 비약적 국면이 포함되어 있다. 농업 생산성의 놀라운 발전은 멜더스의 인구론을 겸연쩍게 만들었다. 그런데 시간이 흐르면서 농업 생산성은 뚜렷한 정체 현상을 보이고 있을 뿐 아니라 생산을 지속하는 것마저 곤란한 상황이 되어가고 있다. 말하자면 농업의 지속 가능성에 빨간불이 켜진 것이다.

도대체 왜 이런 현상이 일어난 것일까? 결론부터 이야기하자면 근대 이후 자본주의가 발전하면서 농업의 가능성을 뒷받침했던 요소들이 파괴되거나 파괴될 위험에 처하게 된 데 그 원인이 있다. 무엇보다도 자본주의 발전과 함께 도시화가 진전되면서 영양 순환의 파괴가 일반화되었다. 영양분 순환 구조의 파괴는 지력의 위기, 자연방제 능력 약화 등을 초래하면서 궁극적으로 근대 농업의 위기로 이어졌다. 지금부터 그 과정을 좀더 자세히 살펴보도록 하자.

먼저, 자본주의 발전과 함께 산업화와 도시화가 급속히 추진되면서 양분 순환이 파괴되고 말았다. 인구의 다수가 도시에 거주하면서 인간의 배설물과 각종 유기물질이 흙으로 되돌아가지 못하고 있는 것이다. 그리하여 농촌에서는 지력 회복 없이 일방적으로 토지가 수탈되고, 도시는 자연적인 정화 기능을 상실한 채 오염물질이 퇴적되는 상태에 놓이게 되었다. 분뇨는 흙으로 돌아가면 양분이 되지만 물로 흘러 들어가면 오염물질이 된다.

축산업에서도 도시화와 비슷한 현상이 나타났다. 과거 농가에서 소규모로 동물을 사육할 때는 동물의 배설물은 토양을 비옥하게 하는 유기물로 공급되었다. 그런데 축산업이 기업화되면서 규모화, 집중화와 더불어 축산과 농지가 분리되었고 그에 따라 동물 배설물이 토양으로 돌아갈 길이 막혔다. 도시에 거주하는 인간의 배설물과 마찬가지로 축산업에서 배출하는 막대한 동물 배설물은 오염물질로 전락하고 말았다.

그런데 자본주의는 양분 순환의 파괴를 자본의 이익을 실현하는 조건으로 삼아왔다. 양분 순환의 파괴에 따른 지력 약화를 보충하기 위해 화학비료가 살포되어야 했다. 그 비료는 자본으로부터 상품의 형태로 공급되었다. 양분 순환의 파괴가 자본에게는 안정적인 시장을 안겨다준 셈이다.

화학농법 강화는 다시금 기계화를 촉진시키면서 농업을 더욱 더 공업에 의존하게 만들었고 그에 따라 자본의 농업 지배가 더욱 더 강화되었다. 이러한 자본의 농업 지배는 유전자 조작에 따른 종자 지배에서 절정에 이른다. 이에 관해서는 잠시 뒤에 살펴볼 것이다.

이 같은 자본의 농업 지배는 다양한 경로를 통해 임차농을 증대시켜 왔다. 현재 한국도 임차농이 전체의 절반을 넘어서는 것으로 추정되고 있다. 임차농의 확대는 토지 수탈을 가중시킨다. 지력 향상의 노력이 효과를 보기 위해서는 여러 해가 걸리므로 지력을 높여봤자 계약 기간 안에는 이익이 되지 않기 때문이다. 결국 단기간에 지력을 상승시키는 방법을 찾게 되고 이런 방법은 장기간으로 볼 때 지력을 약화시킨다.

자본에 의한 농업 지배는 농업 생산에 필요한 공산품과 농업 생산물 사이의 부등가 교환을 통해 자본의 농민 수탈을 구조화한다. 동시에 지속적인 화학농은 지력을 약화시킴으로써 토지를 수탈한다. 자본에 의해 농민과 토지가 함께 수탈당하는 상황이 빚어지는 것이다. 그 결과 자본주의가 발전할수록 농업은 자기 땅에서 유배당한 산업이 되고 말았다.

칼 마르크스는 자본주의를 분석하면서 이러한 농업의 위기에 대해서도 깊은 관심을 기울였다. 예를 들면《자본론》1권에서 다음과 같이 언급하고 있다.

> 자본주의적 생산은 …… 인간과 흙 사이의 순환적 상호작용을 교란시킨다. 즉 인간이 먹을거리와 옷감으로 소비하는 흙 속의 성분을 다시 흙에 되돌려주지 못하게 하는 것이다. 따라서 자본주의적 생산은 토양의 비옥도에 영속적인 영향을 미치는 자연 조건이 제 기능을 하지 못하도록 방해한다. …… 자본주의 농업이 거둔 발전은 단지 기술적인 발전으로서 노동력과 지력을 착취한 것에 불과하다. 반대로 일정 기간 동안 지력을 향상시키는 방법은 되레 장기간에 걸쳐 지력을 파괴시키는 방향으로 발전해왔다.

자본의 주도 아래 지력 수탈을 기초로 농업 생산성을 끌어올리기 위한 노력의 극치는 1970년대 초반 미국에서 이루어졌다. 우선 1850년부터 1950년까지 거의 100년 동안 큰 변함 없이 60~80헥타르였던 농장의 평균 규모는 1971년에 180헥타르(54만 평)에 이르게 되었다. 아울러 헬기를 이용해 농약을 뿌릴 정도로 기계화와 화학화가 고도화되면서 농업은 말 그대로 공장형농업factory farming으로서 완성된 구조를 갖추게 되었다.

이로써 미국의 농업 생산성은 1950년대에 비하여 49퍼센트 증가하였다. 그러나 그 대가로 석유 없이는 돌아가지 않는 농업, 모태가 되는 자연자원을 끊임없이 약탈하는 농업이 자리 잡았다.

앞서 소개한 킹은 이러한 미국의 농업을 두고 방향을 바꾸지 않으면 결코 평화를 유지할 수 없다고 설파했다. 석유 자원을 지속적으로 확보하기 위해서는 타국을 침략하는 것이 불가피하기 때문이다. 우리는 단적으로 미국의 이라크 침략에서 이 점이 결코 과장이 아님을 확인할 수 있다.

평화를 희생하고 토지를 약탈하는 근대 농업의 종착역은 갈수록 분명해지고 있다. 자본의 수탈적 본성은 생태계 전반에 대한 파괴로 확대되면서 농업의 지속 가능성을, 궁극적으로 인간의 생존을 위협한다. 우리는 앞으로 이 점에 대해서 좀 더 자세히 살펴보게 될 것이다.

농업의 세계화

자본의 농업 지배는 19세기 후반을 거쳐 20세기 접어들면서 개별 국가의 수준을 넘어 범세계적인 구조를 갖추게 되었다. 자본주의 선진국은 공업으로 특화하고 식민지 후진국은 농업으로 특화되는 국제 분업을 형성한 것이다. 따라서 식민지 농업은 수출용 단작이 일반화되었고 제국주의 국가의 공산품과 농산품 간의 부등가 교환에 따른 수탈이 심화되었다. 선진국이 후진국 농민의 노동력과 함께 단작을 통해 토지를 수탈하는 체계가 만들어진 것이다.

두 얼굴의 미국

20세기 후반 농업기술 혁명은 종전의 국제 분업을 크게 뒤바꾸어 놓았다. 과거 패권국이었던 영국은 세계의 공장으로 자리잡았는데 20세기 후반 패권국인 미국은 세계의 농업 기지로 부상한 것이다. 공업으로 식민지 농업을 지배하는 것이 아니라 농업 생산물로 세계 농산물 시장을 지배하는 전혀 다른 상황이 만들어진 것이다.

미국의 농업은 종자, 농약, 농업기계 등을 통해 자본의 확고한 지배 아래 놓여 있다. 미국의 농업은 이러한 지배 아래서 전형적인 규모화, 기계화, 화학화를 통해 압도적인 농업 생산력의 우위를 확보했다. 그리하여 미국은 농민 숫자가 전체 인구의 2퍼센트인 200만 호에 불과함에도 불구하고 국제 곡물 시장과 사료 시장의 60퍼센트 이상을 장악하게 되었다. 명실 상부한 세계 최강의 농업국이 된 것이다.

이 같은 미국의 식량 파워를 대표하는 국제 농업자본은 미국 미네소타 주 미니아폴리스에 본사를 두고 있는 카길Cargill이다. 우리는 카길을 비롯해 벙기Bunge, 루이 드레퓌스Louis Dreyfus, 앙드레Andre, 인터콘티넨탈Intercontinental 등 미국의 5대 기업을 일컬어 '세계 5대 곡물 메이저'라 부른다. 이들이 세계 곡물 거래량의 60퍼센트, 미국 내 곡물 거래량의 85퍼센트를 차지하고 있기 때문이다. 1865년 창업한 카길은 엄연히 5대 곡물 메이저의 맏형 노릇을 해왔다.

그러던 중 1998년 11월, 카길은 5대 메이저 가운데 하나인 인터콘티넨탈의 곡물사업 부문까지 인수하여 5대 메이저를 4대 메이저로 줄이면서 타의 추종을 불허하는 절대 강자로 자리를 굳혔다. 카길은 이 기세를 몰아 2002년에는 580억 달러 매출에 8억 2300만 달러 순익을 올렸다.

세계 주요국에 100여 개 자회사와 1000여 개 공장, 9만 7000명의 직원을 고용하고 있는 카길은 밀, 쌀, 옥수수, 콩, 식용유, 오렌지 농축액, 커피, 육류, 맥도널드 햄버거용 통닭, 통조림 등 거의 모든 종류의 농산품을 생산하고 있다. 우리나라에서도 지난 1998년 인터콘티넨탈을 인수하면서 국내 수입 곡물 시장의 60퍼센트를 차지하기에 이르렀다. 말 그대로 '한국의 명줄'인 먹을거리를 쥐고 있는 저승사자인 셈이다.[2]

그런데 미국 농업의 세계 시장 지배는 미국 정부의 강력한 뒷받침 없이는 결코 불가능했다. 미국 농산물 수출 경쟁력의 절반 정도는 정부 보조금 때문에 가능했기 때문이다. 미국 경제에서 농업은 절대적인 비중을 차지하고 있다. 무엇보다도 무역수지와 관련하여 농업은 각별한 의미를 가지고 있다. 미국의 무역수지 흑자산업 가운데 농업보다 더 기여하는 산업은 항공, 군수 등 극소수에 불과하다. 현재 미국의 무역수지 흑자 부분의 15퍼센트가 농업에서 나온다고 보면 크게 틀리지 않는다.

이러한 맥락에서 미국 정부는 농업을 보호하고 육성하기 위해 다양한 조치를 취해왔다. 미국 정부가 취한 일차적 조치는 외국 농산물의 미국 시장 유입을 차단하는 것이었다. 미국 정부는 1955년, 농업조정법Agricultural Adjustment Act에 따라 외국 농산물 수입을 제한할 수 있는 특권을 자신에게 주지 않을 경우 가트GATT에서 탈퇴하겠다고 압박하여 이를 수십 년 동안 보장받았다. 이를 통해 미국은 대표적인 농산물 수입 제한 국가로 존재할 수 있었다.

그러던 중 유럽이 자신들의 시장에서 미국 농산물을 축출하려는 움직임이 강해지자 미국은 재빨리 농산물 수입 제한에서 수출 확대로 초점을 바꾸는 전략적 선택을 하였다. 이것이 미국이 우루과이라운드 협상을 적극 주도하면서 국제 농산물 시장 개방을 강력히 추구한 배경이다.

그러면서도 미국 정부는 농업에 대한 막대한 보조금 지급과 각종 보호 장치를 고수했다. 호주, 브라질, 인도 등 농산물 수출국들이 강력한 도전장을 던지고 있기 때문이었다. 2003년 칸쿤 각료회의 마지막 날에 배포된 의장 초안chairman's text은 미국을 포함한 선진국들의 농업보호 정책의 철폐를 겨냥한 것이기도 했다. 단연 미국 농업조정법 체제는 그 주요 표적일 수밖에 없었다.

이렇듯 미국 정부는 자국의 농업을 철저히 보호하면서도 농업을 WTO 체제 안으로 끌어들여 농산물을 무역자유화 품목으로 만드는 데 성공했다. 이 과정에서도 대표적인 국제 농업자본인 카길의 입김이 크게 작용했다. 미국 측 우루과이라운드 협정안 초안은 원래 미국 농무차관 출신의 카길 고위 임원 앰스태시가 작성한 것인데 이 안이 미국 정부안으로 겉장만 바뀌어 제출됐고 거의 원안대로 통과됐다.

종자의 지배

이로부터 전 세계 농업이 이른바 신자유주의 세계화 흐름 속으로 휘말려 들어가기 시작했다. 어쩌면 신자유주의 세계화 논리가 기존 질서와 가장 격렬하게 충돌한 분야가 농업인지도 모른다. 이를 확인해주는 대표적인 현상이 국제 농업자본의 종자 지배다.

본디 종자는 자연 그대로 존재하는 것으로 종자가 지닌 능력은 사유화 대상이 될 수 없었다. 그러나 자본은 유전자 조작을 통해 특허를 획득함으로써 종자를 사유화, 상품화했다. 미국 기업은 이 점에서 단연 선두주자였다. 미국은 제2차 세계대전 직후 그들의 발길이 닿는 곳마다 세계 각국의 토종 종자에 대해 특허출원을 해놓은 상태였다. 제3세계 농민들은 종자를 그저 자연이 준 선물로 인식했을 뿐 특허출원이 무엇을 의미하는지는 이해하지 못했고 관심도 없었다.

그러나 WTO 출범과 함께 지적재산권 보장이 국제적인 규율로 확립되면서 상황은 완전히 달라졌다. 미국 법정은 특허는 먼저 출원한 자에게 권리가 있음을 인정했고 이는 곧 국제규율이 되었다. 그 결과 제3세계의 많은 농민들이 단지 미국이 먼저 특허출원을 냈다는 이유로 아무런 이상 없이 사용해왔던 종자에 대해 특허료를 지불해야만 했다. 허무맹랑하기 그지없는 일이지만 냉혹한 세계 질서는 이를 어길 경우 가혹한 처벌을 받도록 만들었다.[3]

한걸음 더 나아가 몬산토Monsanto를 위시한 종자기업들은 종자의 상품화를 통해 농업 생산 전반을 통제할 수 있는 기회를 얻고 있다. 예를 들면 제초제에 내성을 갖는 유전자 조작 종자를 구입한 농민은 불가피하게 같은 회사에서 제조한 농약을 구입해야 한다. 또한 유전자 조작으로 전혀 새로운 형태의 작물이 등장하면서 거기에 맞게 개발된 새로운 수확기계를 도입해야 한다. 국제 농업자본은 종자가 갖는 이러한 특성을 이용해 농업 생산 전반을 확고하게 지배하고 있다.

이렇듯 종자 지배가 갖는 위력이 드러나면서 다국적기업들이 앞 다투어 이 분야에 진출해왔다. 이 와중에서 세계 종자업계는 1980년대 후반부터 대대적인 인수합병 붐에 휩싸이며 거대 다국적기업들로 급속히 재편됐다.

예컨대 세계 최대 종자회사인 몬산토는 농약회사에서 출발해 인수합병의 붐을 타고 눈덩이처럼 커진 업체다. 몬산토는 1980년대 후반부터 미국의 데칼브DeKalb와 애스그로Asgrow 등 곡물 종자 회사들을 왕성하게 인수합병해나갔고, 2005년 14억 달러를 들여 세계 1위의 채소 종자 회사인 세미니스Seminis를 인수합병했다. 세미니스도 1990년대 후반부터 피토시드Etoseed 등 중소회사들을 인수합병하고 있었다.

몬산토와 파이오니어Pioneer, 시젠타Sygenta 등 3대 업체는 2005년 현재 210억 달러에 이르는 세계 종자 시장의 31.6퍼센트를 차지하고 있다. 이들을 포함한 세계 10대 종자업체들의 시장점유율은 49퍼센트에 이른다. 몬산토 한 곳만 해도 전 세계 강낭콩 종자의 31퍼센트, 매운 고추 종자의 34퍼센트, 오이 종자의 38퍼센트, 토마토 종자의 23퍼센트, 양파 종자의 25퍼센트를 점유하고 있다.

그렇다면 국제 농업자본의 종자 지배가 우리나라에서는 구체적으로 어떻게 나타나고 있는 살펴보자.

매운 고추의 대명사로 알려진 청양고추는 1983년 중앙종묘가 개발한 품종에서 유래한 이름이다. 국내의 대표적 고추 산지인 경북 청송과 영양의 앞 글자를 딴 청양고추는 신토불이 身土不二 먹을거리의 대표주자라는 인상을 주고 있다. 하지만 과연 그럴까?

외환위기 이전 한국의 종자산업은 세계 시장에서도 인정받을 만큼 착실하게 실력을 쌓아오고 있었다. 하지만 외환위기를 거치면서 홍농, 중앙, 서울 등 대표적인 종자기업들이 다국적기업으로 넘어갔다. 청양고추를 개발했던 중앙종묘는 외환위기 후인 1998년 멕시코 종자회사인 세미니스에 인수합병됐고, 세미니스는 2005년 1월 미국의 거대 종자회사인 몬산토에 다시 인수합병됐다. 한국 최대 종자회사였던 홍농종묘 역시 세미니스에 인수합병됐다.

국내 종자 시장도 다국적기업의 시장점유율이 50퍼센트가 넘는다. 작물별로 봐도 우리의 대표적인 먹을거리인 무, 배추, 고추 종자의 50퍼센트를 다국적기업이 공급한다. 특히 양파, 당근, 토마토는 80퍼센트 이상을 차지한다. 대박을 터뜨린 금싸라기 참외와 세계 최고의 당도를 자랑하는 삼복꿀 수박 종자도 본래는 홍농종묘가 개발한 것인데 이제는 몬산토의 지배 아래 들어가 있다.

이렇듯 국제 농업자본의 국내 종자산업에 대한 지배가 강화되면서 종자 생산 또한 국제화되었다. 예를 들면 청양고추 종자를 생산하고 판매하는 세미니스 코리아는 청양고추 종자를 중국 산둥성에서 채종採種(씨 만들기)한다. 우리 농부들이 우리 땅에 씨를 뿌려 키우긴 하지만 청양고추의 족보에서 토종이라는 흔적은 찾아보기 힘들게 된 것이다.

이러한 종자 지배는 일반적인 경우처럼 국제 농업자본의 한국 농업 생산 전반에 대한 지배로 연결되고 있다. 농약과 비료 사용은 종자의 특성과 연결되어 선택될 수밖에 없기 때문이다. 이제 한국 농업은 국제 농업자본 손아귀에 장악되었다고 해도 과언이 아니다.

기아와 비만으로의 양극화

그렇다면 이러한 농업의 세계화는 어떤 결과를 야기할 것인가? 그것은 한마디로 전 세계적인 범위에 걸친 농업의 양극화라고 할 수 있다. 미국계를 중심으로 한 국제 농업자본의 이익은 갈수록 눈덩이처럼 불어나고 있다. 그러나 대다수 나라의 농업은 극도로 황폐화되고 있다. 시장 잠식으로 농업이 붕괴 위기로 내몰리고 있을 뿐 아니라 그나마 유지되고 있는 농업 생산 역시 종자 지배 등을 통해 국제 농업자본의 착취 대상이 되고 있다.

이러한 농업의 양극화가 빚어낸 가장 비극적인 결과는 심각한 기아의 발생이다. 오늘날 60억 인구 가운데 8억 3000만 명이 기아에 신음하고 있고 그 중 매년 1300만 명 정도가 굶어

죽고 있다. 과연 이들이 굶어죽는 이유가 맬더스의 이론처럼 식량 생산보다 인구가 더 빠른 속도로 늘어났기 때문일까? 결코 그렇지 않다.

유엔 세계식량계획WFP에 따르면 현재 지구상에서는 전 세계 사람에게 영양 있고 적절한 식사를 제공하는 데 필요한 식량의 1.5배가 생산되고 있다. 절대량에서는 충분한 것이다. 그럼에도 불구하고 식량이 소수 국제 농업자본의 이윤추구 수단으로 전락하면서 식량의 생산과 배분이 극도로 왜곡되고 말았다. 바로 이 점이야말로 넉넉한 식량 생산에도 불구하고 극심한 기아가 발생하는 진정한 원인인 것이다. 소말리아의 기아 사태는 바로 이러한 범세계적 모순이 빚어낸 비극이었다.

소말리아는 유목민과 소농 간의 교환을 바탕으로 하는 목축 국가로 유목민들이 전체 인구의 50퍼센트를 차지하고 있었다. 1970년대에 정착 프로그램이 실시된 결과 1970년대까지는 잦은 가뭄에도 불구하고 명실 공히 식량자급을 유지할 수 있었다.

그러나 1981년 국제통화기금이 개입하여 구조조정을 단행하면서 사정은 완전히 달라졌다. 소말리아의 실링 화가 주기적으로 평가절하되면서 수입 농자재 가격이 폭등했고 긴축 정책은 정부의 농업 지원을 대폭 후퇴시켰다. 또한 가축보건 부문의 민영화는 가축보건을 황폐화시키고 말았다.

결국 값싼 외국 농축산물이 대거 수입되었고 이는 다시 소말리아의 농축산업을 결정적으로 붕괴시키고 말았다. 이러한 과정을 거쳐 소말리아는 지속적으로 식량을 수입해야 하는 처지가 되었고 마침내 외환위기가 닥치자 곧바로 참혹한 대기근에 직면하게 되었다. 다음은 대기근이 휩쓸고 지나간 소말리아의 한 장면을 소개하고 있다.

잭 캘리라는 한 신문기자가 소말리아의 비극을 취재하다가 겪은 체험담이 있습니다. 기자 일행이 수도 모가디슈에 있을 때의 일입니다. 그때는 기근이 극심한 때였습니다. 기자가 한 마을에 들어갔을 때 마을 사람들은 모두 죽어 있었습니다.

그 기자는 한 작은 소년을 발견했습니다. 소년은 온몸이 벌레에 물려 있었고 영양실조에 걸려 배가 불룩했습니다. 머리카락은 빨갛게 변해 있었으며, 피부는 한 100살이나 된 사람처럼 보였습니다. 마침 일행 중 한 사진기자가 과일 하나를 갖고 있어서 소년에게 주었습니다. 그러나 소년은 너무 허약해서 그것을 들고 있을 힘이 없었습니다. 기자는 그것을 반으로 잘라서 소년에게 주었습니다.

소년은 그것을 받아들고는 고맙다는 눈짓을 하더니 마을을 향해 걸어갔습니다. 기자 일행이 소년의 뒤를 따라갔지만 소년은 그것을 의식하지 못했습니다. 소년이 마을에 들어섰을 때 이미 죽은 것처럼 보이는 한 작은 아이가 땅바닥에 누워 있었습니다. 아이의 눈은 완전히 감겨 있었습니다. 이 작은 아이는 소년의 동생이었습니다. 형은 자신의 동생 곁에 무릎을 꿇더니 손에 쥐고 있던 과일을 한 입 베어서는 그것을 씹었습니다. 그리고는 동생의 입을 벌리고는 그것을 입 안에 넣어주었습니다. 그리고는 자기 동생의 턱을 잡고 입을 벌렸다 오므렸다 하면서 동생이 씹도록 도와주었습니다.

기자 일행은 그 소년이 자기 동생을 위해 보름 동안이나 그렇게 해온 것을 나중에야 알게 되었습니다. 며칠 뒤 결국 소년은 영양실조로 죽었습니다. 그러나 소년의 동생은 끝내 살아남았습니다.

소말리아의 예에서 극명하게 드러나듯이 범세계적인 차원에서의 농업의 양극화는 영양공급의 양극화로 나타나고 있다. 이는 한편에서의 극단적인 기아와 다른 한편에서의 극단적인 비만을 야기하고 있다. 가장 문명화된 세계가 가장 야만적인 세계로 전락하고 있는 것이다.

지속 가능성의 위기

근대 농업은 산업기술의 발전을 바탕으로 규모화, 화학화, 기계화를 추구해왔다. 이러한 근대 농업의 경향은 과학영농으로 인식되면서 하나의 관행농업으로 자리잡았다. 그런데 농업의 규모화, 화학화, 기계화는 필연적으로 동일한 작물을 경작하는 단작을 일반화시킨다. 단일한 작물을 재배할 때만이 기계와 농약 사용이 용이하기 때문이다.

문제는 이러한 단작이 생물 다양성을 축소시킴으로써 지력 감퇴와 자연방제 능력을 약화시킨다는 점에 있다. 그에 따라 비료와 농약 살포를 더욱 늘리게 되고 이는 다시금 지력과 자연방제 능력을 더욱 약화시키는 악순환의 고리를 형성하게 되었다.[4] 그리하여 종국에는 농업의 지속 가능성과 먹을거리의 안정성을 위협하면서 농업의 존재마저 부정하기에 이르렀다.

농업의 세계화는 이러한 악순환을 한층 높은 수준으로 증폭시킨다. 그동안 농민운동에서 제기한 대표적인 구호 가운데 하나는 개방 농정에 맞서 민족농업을 지키자는 것이다. 민족농업의 본질은 농업의 독립적인 생존 능력을 지키는 것이고 그 뿌리는 영양 순환과 생물 다양성을 보전하는 데 있다. 영양 순환과 생물 다양성이 보장되어야 자기 땅에서 건강하게 생존할 수 있기 때문이다.

그런데 국제 농업자본의 시장 지배는 이를 무참하게 파괴한다. 생산지와 소비지의 거리가 멀어지고 그에 따라 더욱 많은 식품을 국경 밖에 의존하게 되어 양분 순환은 더욱 어려워진다. 그나마 명맥을 유지하는 농업은 세계 시장에 포섭되면서 단작화가 더욱 심화될 수밖에 없다. 세계 시장에서 가격 경쟁력을 확보하기 위해서는 단작화를 초래하는 기계화, 화학화도 불가피하다.

그러면 지금부터 관행농업이 어떻게 농업의 존재 기반을 파괴하고 있는지 보다 자세히 살펴보도록 하자.

20세기 들어 화학비료 사용량이 늘면서 농업 생산량이 크게 증대된 것은 부인할 수 없는 사실이다. 하지만 그 부산물 또한 만만치 않았다. 환경오염의 정도가 날로 심각해진 것이다.

대표적인 화학비료인 질소비료는 70퍼센트가 식물에게 흡수되지 않고 유실된다. 그 중 많은 양이 강으로 흘러들어가 강물의 질산염 농도를 상승시키는 등 수질오염을 가중시킨다. 또한 채소 등 작물 속에 질산염으로 잔류해 있다가 인간 체내에 누적된다. 인산이나 가리 등 다른 화학비료도 땅에 뿌려지면 땅을 산성화시킨다.

이러한 환경오염은 숱한 경험을 통해 확인되었듯 자연 파괴에 머물지 않고 인간 자신을 파괴하는 것으로 이어진다. 농약 사용의 결과를 보면 이 점은 한층 분명해진다.

제2차 세계대전 종전과 함께 전쟁에 사용하던 화학무기가 농약으로 전용되어 농업 생산을 증대시켰다. 그러나 무차별적으로 농약을 살포했기 때문에 해충은 내성이 강해지는 반면 익충은 몰살당하여 우리나라에서만도 한 해에 수백 종류의 생물이 사라지고 있다. 그에 따라 더욱 독성이 강한 농약을 사용해야 하는 '농약의 악순환'이 이어지고 있다. 한 자료에 따르면 미국의 농민들은 160억 달러어치의 작물을 지키기 위해 40억 달러어치의 농약을 살포하고 있다.

화학농의 위험성과 관련하여 특히 주목해야 할 것은 제초제다. 제초제에는 인간이 합성해낸 물질 중에서 가장 독성이 강한 다이옥신이 함유되어 있다. 더욱이 다이옥신을 해독시킬 수 있는 물질은 아직까지 발견되고 있지 않다. 이러한 다이옥신이 거침없이 제초제로 뿌려지면서 토양에 반영구적으로 남게 되었고 식물을 통해 최종적으로 인간 체내에 누적된다. 그로 인해 어떤 일이 벌어질지 아무도 모른다.

이렇듯 먹을거리의 안전성이 심각하게 위협받고 있지만 식품의 안전성 확보는 갈수록 어려워지고 있다. 특히 농업의 세계화는 식품 안전성 확보를 위한 국가적 대응을 더욱 어렵게 하고 있다. 국경 밖에서 이루어지는 농업은 식품 안전에 직접적으로 영향을 미치는 생산 과정에 대한 통제가 불가능하기 때문이다. 여기에 덧붙여 장거리 수송에 따른 방부 처리 등으로 식품 안전에 대한 위협은 더욱 증대된다. 이 점은 몇 가지 경험만으로도 충분히 미루어 짐작할 수 있다.

인천항에는 우리나라 최대 곡물하역장이 있다. 그곳에서 곡물을 가득 실은 대형 트럭들이 어딘가로 이동한다. 이 과정에서 낟알들이 도로에 떨어지는데 이를 근처 비둘기들이 날아와 쪼아 먹는다. 문제는 그 다음에 발생한다. 줄곧 도로에 떨어진 수입 곡식을 먹이로 삼은 비둘기는 곡식에 함유되어 있는 화학물질에 중독되고 마는 것이다. 그 결과 도로 위에서 비실거리다가 지나가는 트럭에 치어 죽는 경우가 종종 발생한다. 언젠가는 모 방송사에서 수입 밀가루 속에 살아 있는 벌레를 집어넣었더니 얼마 버티지 못하고 죽는 실험을 보여준 적이 있다. 벌레가 먹으면 죽는 밀가루가 사람들에게 무한정 공급되고 있는 것이다.

남은 것은 통관 과정과 유통 과정을 엄격히 통제하는 것인데 WTO 체제는 이 역시 시장 진입 장벽 제거라는 미명 아래 식품 안정성 기준 강화에 제동을 걸고 있다. 우리나라의 경우만 보더라도 독성이 강한 수입 농산물이 허술한 식품 안전 관리와 검역 체계 때문에 무방비 상태로 유입되고 있다.

수입 농산물을 국내에 들여오려면 수입업자가 신고를 하고 허가를 받아야 한다. 처음 수입되는 농산물일 경우에는 정밀 검사를 하지만 똑같은 농산물이 계속 들어올 때는 서류검사를 한다. 그 이후에는 불시에 무작위로 뽑아 표본검사를 한다. 이 같은 허술한 검사 체계 때문에 안전성이 확보되지 않은 수입 농산물이 시중에 유통될 수밖에 없다.

이처럼 국제 농업자본이 주도하고 있는 관행농업은 농업으로 하여금 안전한 먹을거리 공급이라는 농업 본래의 목적에서 벗어나 인간의 건강을 위협하도록 만들고 있다. 이는 명백히 농업의 존재에 대한 부정이다. 게다가 이제는 이러한 관행농업이 처음에 의도했던 농업 생산력 증대마저 충족시키지 못하고 있다.

화학농법에 기초한 관행농업은 이미 한계에 도달했다. 지속적인 지력 감퇴 때문에 이젠 화학비료와 농약을 아무리 뿌려도 단위면적당 수확량은 증가하지 않고 있다. 도리어 땅은 더욱 산성화되면서 갈수록 생산력이 떨어지고 있다. 한국의 경우 농림수산부 통계에 따르면 1977년을 고비로 뚜렷한 수확체감의 길에 접어든 것으로 확인되고 있다. 규모화, 기계화 등으로 인해 1인당 생산성은 상당히 향상되어왔지만 토지 면적당 생산성은 뚜렷한 정체 상태에 빠져든 것이다.

도시화의 진전과 무분별한 국토 개발로 농지 면적이 지속적으로 감소해왔다는 것까지 고려하면 식량자급률 향상에서 근본적인 어려움이 발생하고 있는 것이다. 이 하나만으로도 관행농업은 더 이상 지속 가능하지 않음을 확인할 수 있다.

하지만 여전히 많은 사람들이 이 문제를 그다지 심각하게 받아들이지 않는 듯하다. 과학기술에 대한 그릇된 믿음 때문에 농업 나아가 인간 생존의 조건이 무참히 파괴될 수 있다는 가능성을 진지하게 고려하지 않고 있다. 그러나 인류의 역사를 되돌아보면 사려 깊지 않은 인간의 행동이 농업의 지속 가능성을 파괴함으로써 얼마든지 인간을 파멸로 몰아넣을 수 있음을 다양한 사례로 확인할 수 있다. 이스터 섬의 비극은 그러한 사례 가운데 하나가 될 것이다.

이스터 섬에 서 있는 887개에 이르는 거대한 모아이 석상은 이 섬이 한때 고도의 문명을 자랑했음을 말해준다. 그런데 지금은 석상만 남아 있고 문명의 발자취는 수수께끼처럼 사라졌다. 도대체 어찌된 일인가. 무분별한 삼림 벌채 등 자연 파괴가 비극을 초래한 직접적이고도 결정적인 원인이었다는 설명이 가장 유력하다.

이스터 섬의 원주민들은 자연환경이 파괴되자 먹을거리를 확보하기 위해 서로 끔찍한 전쟁을 벌였고 극한 상황에 내몰리면서 식인습관까지 갖게 되었다. 결국 그들은 모든 것을 상실한 채 극히 일부만이 살아남아 비참한 삶을 연명해야 했다. 마야문명 등 고도의 문명을 자랑했다가 온데간데없이 사라진 지구상의 여러 종족들 역시 이스터 섬과 비슷한 운명을 겪었을 것으로 짐작된다.

많은 전문가들은 이스터 섬이 직면한 상황과 오늘날 지구 전체가 직면한 상황의 유사성에 주목하면서 거듭 경고 메시지를 날리고 있다. 빅토르 위고의 말대로 "오늘의 문제는 투쟁하는 것이고 내일의 문제는 살아남는 것"이 되는 시대가 온 것이다. 기존의 관행농업을 극복하는 새로운 대안 농업을 모색하는 것은 한 순간도 미룰 수 없는 인류 생존의 과제다.

그렇다면 여기서 마지막으로 실천적 결론에 도전해보자. 과연 관행농업의 극복이라는 명제를 한국 농업에도 액면 그대로 적용할 수 있을까? 어쩌면 불필요한 질문일 수 있지만 의외로 많은 사람들이 관행농업 극복이라는 명제에 동의하기를 꺼려하고 있다. 경우에 따라서는 식량자급의 절박성이 관행농업에 대한 입장을 관대하게 만들기도 한다. 그러나 관행농업이 자리 잡게 된 배경을 제대로 이해하면 태도는 크게 달라질 것이다. 지속 가능한 농업이 관행농업으로 대체된 것은 국제 농업자본의 지배와 직접적인 연관이 있다.

먼저, 개방 농정이 가속화되면서 종전의 작부 체계는 심각하게 파손되었다. 콩은 이미 수입 콩 때문에 재배를 거의 하지 않고 있으며 이제는 논농사마저 해체 위기에 직면하게 되었다. 반면 농업 생산에 대한 국제 농업자본의 지배는 갈수록 강해져 왔다. 겨우 명맥을 유지하고 있는 한국의 농업 생산은 종자와 비료, 농약 등 투입물의 대부분을 직간접적으로 제국주의 독점자본에 의존하고 있다. 축산에 사용하는 사료 또한 대부분 수입에 의존하고 있는 실정이다. 결국 관행농업은 제국주의 독점자본이 한국 농업을 지배하는 구체적 형식인 것이다.

따지고 보면 관행농업은 제국주의 지배의 산물로서 그 역사가 그리 오래 되지 않았다. 이 점을 무시하고 관행농업을 보편적인 과학농업으로 보는 것은 심각한 착오다. 아무튼 관행농업을 고집하면 고집할수록 현실은 제국주의 독점자본에 대한 종속만 심화될 뿐이며 결국은 농업의 피폐화를 피할 수 없을 것이다.

더욱이 안전한 먹을거리에 대한 관심이 고조되면서 관행농업은 국민들로부터 불신과 배척의 대상이 되고 있다. 관행농업 자체가 투쟁 대상이 되고 있는 것이다. 식량자급은 단지 필요한 양을 국내에서 조달한다는 양적 의미를 넘어 안전성 확보라고 하는 질적 측면을 함께 요구하는 상황이 된 것이다.

이런 점에서 오늘날 한국의 농업은 농민의 소득 보전 이상의 근본적인 자기 변화를 요구받고 있다고 할 수 있다. 그것은 한마디로 신자유주의 세계화의 사슬로부터 농업을 해방시키는 것이며 이를 통해 신자유주의를 넘어서는 지속 가능한 농업을 모색하는 것이다.

우리 농업, 기회의 모색

AGRICULTURE 農業

農業

쿠바 농업이
던지는 메시지

우리는 앞서 우리가 지향해야 할 농업은 기본적으로 국민 농업이라고 정의내린 바 있다. 국민농업은 당연히 신자유주의를 넘어서는 것이어야 한다. 더불어 지속 가능해야 한다. 지속 가능하지 않은 농업은 그 어떤 조건을 갖춘다고 해도 진정한 대안이 될 수 없기 때문이다. 이런 점에서 우리의 대안 농업은 '신자유주의를 넘어서는 지속 가능한 국민농업'이 되어야 한다.

의심할 여지없이 지속 가능한 국민농업은 관행농업으로부터 벗어날 때 가능하다. 그런데 이와 관련하여 오랫동안 농민 운동가들을 딜레마에 빠뜨려온 문제가 있다. 바로 농업 생산성과 지속 가능성 사이의 대립이었다.

20세기로 되돌아가 보면 농업의 발전 방향과 관련하여 농업의 공업화를 통해서 높은 농업 생산력을 추구하는 것이 지배적 경향이었다. 실제로 자본주의 나라는 물론이고 소련식 사회주의 역시 농업의 공업화를 통해 농업 생산력 향상을 꾀했다.

이러한 경향은 지속 가능한 대안 농업이 관행농업을 넘어서는 생산력을 발휘하기가 어렵다는 인식 때문에 극복이 더욱 쉽지 않았다. 식량이 무기가 되고 있는 시대에 다수의 인구를 먹여 살리기 위해서는 어쩔 수 없이 관행농법에 의존할 수밖에 없다는 것이다. 이렇듯 농업의 지속 가능성 확보와 높은 생산력 유지 사이의 모순과 대립은 대안적인 국민농업의 모색에서 가장 큰 딜레마였다.

이밖에도 국민농업을 현실화하기 위해서는 숱한 과제들을 해명하지 않으면 안 된다. 무엇보다 인구의 절대 다수를 차지하는 도시인들을 농업에 대한 직접적 이해 당사자로 만드는 것은 단순하게 구호만으로 해결될 문제가 아니다. 아울러 지속 가능한 농업을 위해서는 어떤 사회정치적 조건이 필요한지도 뚜렷하게 해명하지 않으면 안 된다. 관행농업으로부터의 탈피는 결코 농민이 농법을 바꾸는 것만으로 해결될 수 없다.

그런데 최근 여러 쟁점을 해소시키면서 전 세계적 차원에서 대안 농업에 대한 새로운 사고를 가능하도록 만든 의미심장한 사건이 발생했다. 1959년 혁명 이후 사회주의 체제를 유지해온 카리브 해의 섬나라 쿠바에서 1990년대를 거치면서 농업을 둘러싸고 극적인 드라마가 펼쳐졌던 것이다.

사회주의 국제 분업 체계

혁명 이후 쿠바는 소련이 주도하는 사회주의 국제 분업에 편입되면서 고도 복지국가 건설을 꾀했다. 쿠바는 사탕수수 재배와 니켈 등 광산물 채취에 주력했고 소련은 정치적 고려에서 쿠바의 사탕을 국제 가격의 5.4배나 되는 고액으로 수입했다. 반면 소련은 매우 낮은 가격으로 쿠바에 석유를 공급했으며 쿠바는 그 중 일부를 외화 획득용으로 재수출하기도 했다.

유리한 무역 조건에서 쿠바는 소금과 화장지 같은 생필품에서 농기계, 자동차, 텔레비전 등 공산품에 이르기까지 대부분을 해외에 의존하게 되었다. 더욱이 생존과 직결된 식료품마저 절대적으로 많은 부분을 해외에 의존하였다는 데 문제의 심각성이 있었다. 소맥 100퍼센트, 두류 99퍼센트, 곡류 79퍼센트, 쌀 50퍼센트 등을 해외에서 수입했으며 총칼로리 기준으로 보면 식료품의 57퍼센트가 수입으로 충당되었다.

이러한 가운데 쿠바 농업은 사탕과 담배 등 수출을 목적으로 한 환금성 작물에 집중했다. 그리하여 전 세계적으로 보더라도 가장 극단적이고 전형적인 단작 체계가 형성되기에 이르렀다.

대규모 단작을 뒷받침했던 것은 전체 농지의 약 80퍼센트 정도를 담당하고 있던 국영농장이었다. 국영농장에서는 소련제 대형 트랙터가 광대한 농지를 달리며 대부분 해외에서 수입해온 다량의 농약과 화학비료를 마구 뿌려댔다. 트랙터 수는 1헥타르당 21대로서 라틴아메리카에서 최고 수준이었으며 화학비료 투입량은 미국보다 많았다. 또한 평균 3만 헥타르 이상 되는 논에는 비행장이 갖춰져 있어 공중에서 파종하였다. 이렇게 세계에서 가장 앞선 근대적 농업에 의해 생산된 농산물은 다시금 높은 가격으로 사회주의권에 수출되었다.

지나칠 정도로 사회주의 국제 분업 체계에 깊숙이 편입된 덕분에 쿠바는 무역 이익을 바탕으로 라틴아메리카에서 가장 앞선 사회복지 체계를 구축할 수 있었다. 쿠바 인민은 매우 낮은 가격에 생필품을 공급받을 수 있었으며 거의 완벽할 만큼의 무상의료와 무상교육을 누릴 수 있었다. 한걸음 더 나아가 매년 2000명 이상의 의료진이 아프리카 등에 파견되어 활동함으로써 쿠바 인들의 긍지를 드높이기도 했다.

그러나 이러한 쿠바의 시스템은 어디까지나 사회주의 국제 분업 체계가 정상적으로 작동할 경우에만 유지 가능한 것이었다. 쿠바는 사회주의 국제 분업 체계에 이상이 발생한다면 파국을 피할 수 없는 취약한 구조를 지니고 있었던 것이다. 결국 우려했던 상황이 발생하고 말았다. 소련과 동구 사회주의권이 연쇄적으로 붕괴하는 충격적인 사태가 벌어진 것이다.

사회주의권의 붕괴

소련이 붕괴되면서 쿠바 경제를 지탱했던 수입과 수출 모두 참담하게 붕괴됐다. 수입은 1989년 81억 달러에서 1992년 17억 달러로 80퍼센트가 격감했다. 당연한 결과였지만 무역으로 발생했던 이익은 송두리채 사라졌다. 단적으로 1989년에는 설탕 1톤을 7톤의 석유와 교환할 수 있었지만 1993년에는 석유 1.3톤과 교환되었다.

이러한 상황은 그동안 수입에 의존하던 농약과 화학비료, 각종 농기계 등의 공급을 어렵게 했고 석유 부족 때문에 트랙터 사용과 물 공급 또한 쉽지 않았다. 그 결과 농업 생산력이 크게 떨어졌는데 한 예로 1989년 810만 톤이던 설탕 생산량은 1995년 336만 톤으로 급감하고 말았다.

사태는 미국의 경제 봉쇄가 강화됨으로써 더욱 악화되었다. 소련이 붕괴하자 미국은 카스트로 정권을 붕괴시킬 수 있는 절호의 기회라고 여기고 1961년부터 계속된 경제 봉쇄를 더욱 강화했다. 1992년 미국 의회는 국내외의 미국계 기업과 모든 자회사가 쿠바와 거래하는 것을 금지한 '톨리체리법', 이른바 쿠바 민주화법을 제정했다.

이 법안에 따라 쿠바에 기항한 선박은 미국에 기항할 수 없게 되었다. 게다가 미국에 원조를 요청했던 러시아를 비롯해 소련 붕괴 후에 탄생한 나라들은 쿠바와의 모든 무역을 중단하라는 미국의 조건을 받아들여야 했다.

이러한 미국의 경제 봉쇄 때문에 쿠바의 무역은 더욱 축소되었는데 줄어든 물품의 80퍼센트는 식료품과 의약품이었다. 미국의 경제 봉쇄가 지극히 비인도적 성격을 지닌 것이었음을 알 수 있다. 소련의 붕괴와 미국의 경제 봉쇄라는 이중의 압박은 쿠바 인들의 삶을 극한상황으로 내몰았다. 석유, 원료. 기계 공급 차질로 공장의 80퍼센트가 문을 닫았고 노동자의 40퍼센트가 실업자로 전락해야 했다.

그러나 그 무엇보다도 심각한 것은 절대적인 식량 부족이었다. 1991년 제4회 공산당대회에서 행한 카스트로의 보고에 따르면 쌀은 이미 바닥이 났고 콩은 50퍼센트, 분유는 22퍼센트밖에 남지 않은 상태였다. 식량 부족의 부담을 떠안은 남성의 칼로리 섭취량은 1989년 3100킬로칼로리에서 1994년 1860킬로칼로리로 40퍼센트나 떨어졌다. 칼로리 섭취 부족으로 1994년의 경우 남녀 평균 체중이 9킬로그램이나 줄었다. 곳곳에서 기력 부족으로 쓰러져 골절상을 입는 일이 발생했다.

쿠바가 자랑하던 의료 체계 역시 위기상황에서 사실상 작동을 멈추어야 했다. 약국의 선반은 비어 있었고 대규모 병상을 확보하고 있는 병원에서도 마취제, 항생제 등이 없어 기초적인 의료 행위조차 어려웠다.

쿠바 농업, 위기에서 희망을 캐다

절망적인 상황에서 쿠바가 선택한 것은 농약과 화학비료를 사용하지 않는 유기농으로 전환하는 것이었다. 아울러 도시가 스스로 필요한 식료품을 공급하는 도시농업을 정력적으로 추진했다.

특징적인 것은 쿠바는 이러한 전략적 전환을 행정적 절차로만 접근하지 않았다는 점이다. 쿠바는 유기농으로의 전면적인 전환을 전 국민적 토론을 거쳐 국민투표에 회부했으며 93퍼센트의 지지로 확정지었다.

사실 유기농으로의 전환은 비료와 농약 공급이 80퍼센트 이상 줄어든 당시 쿠바 상황에 비추어보면 달리 선택의 여지가 없는 것이기도 했다. 그러나 쿠바는 보다 긍정적이고 적극적인 관점에서 이러한 전환을 추진했다.

여기서 큰 힘을 발휘한 것은 풍부한 과학기술 인력이었다. 쿠바의 인구는 라틴아메리카 전체 인구의 2퍼센트에 불과하지만 과학자 비율은 11퍼센트에 이르고 있었다. 과학기술 인력이 전격적으로 투입된 결과 매우 정교하면서도 창조적인 유기농법들이 다양하게 선보였다. 종전의 농약 대신 생물농약과 천적이 이용되었고 내성 품종의 재배와 함께 돌려짓기 (윤작), 섞어짓기(혼작), 피복작물 재배 등이 도입되었다. 또 화학비료 대신 생물비료, 지렁이 퇴비, 기타 유기질 비료와 천연 인산과 가축 분뇨 등이 사용되었다.

이러한 전략적 전환은 상당한 성공을 거두었다. 특히 도시 농업의 성과는 괄목할 만한 것이었다. 1999년 전체 쌀의 65퍼센트, 채소의 46퍼센트, 오렌지를 뺀 과일류의 38퍼센트가 도시에서 생산되고 공급되기에 이르렀다. 덕분에 위기에 돌입하던 당시 45퍼센트에 수준에 머물렀던 식량자급률은 10년 뒤 95퍼센트 수준에 이르게 되었다.

더욱 다행스러웠던 것은 이 기간 동안 상당히 굶주렸음에도 불구하고 단 한 명의 아사자도 발생하지 않았다는 사실이다. 아울러 녹색약품의 재배가 확산되면서 붕괴되었던 의료 체계를 상당 정도 복원할 수 있었다. 도시가 한층 진화된 생태도시로 거듭난 것 역시 빼놓을 수 없는 성과였다.

이러한 쿠바의 성공은 소련 붕괴와 미국의 경제 봉쇄 속에서 반강제로 추진된 것이기는 하지만 매우 의미 있는 결과를 남겼다. 무엇보다도 쿠바의 실험은 근대 이후 농업계를 지배해온 다음과 같은 속설을 깨뜨렸다.

- 유기농업은 생산성에서 관행농업을 넘어설 수 없다는 속설

  쿠바의 실험이 갖는 가장 중요한 지점이다. 국가적인 지원이 원활하게 이루어지고 생산, 유통, 소비의 전 과정이 유기농을 중심으로 한 사회적 시스템을 갖추면

생산성은 빠르게 발전할 수 있다. 문제는 사회적 시스템을 구축하는가 여부다.

• 농업은 농촌에서만 이루어지며 도시는 소비지일 뿐이라는 속설
  제한된 공간 안에 다수의 인구가 밀집해 있는 도시에서도 농업은 얼마든지 발전할 수 있음을 보여주었다.

• 소규모 영농은 효율성에서 대규모 농장보다 못하다는 속설
  실험 결과 유기농에 가장 적합한 농업 경영 형태는 소농이었다.

• 지역 단위 자급자족은 구시대 시스템이라는 속설
  도시농업의 발전은 지역 단위에서 자급자족할 수 있는 농산물의 양을 확대시켰으며 신선도 등에서 많은 강점을 보였다.

• 쿠바처럼 영토가 좁은 나라는 수입이 불가피하다는 속설
  공간을 효율적으로 사용하고 공간에 대한 창조적 접근이 가능하면 좁은 국토에서도 농산물 자급이 충분히 가능함을 입증했다.

이러한 쿠바 실험의 결과는 흥미롭게도 우리가 대안 농업으로 생각하고 있는 국민농업의 요소들을 두루 충족시키고 있다.

먼저 쿠바는 유기농으로의 전면적인 전환을 통해 농업의 지속 가능성과 다원적 가치를 확보했다. 더불어 도시농업의 확대를 통해 전체 국민이 농업에 대해 보다 직접적인 이해관계를 갖게 되었다. 식량자급을 거의 달성할 만큼 먹을거리에서 자주권도 확보했다. 이러한 가운데 농민이 장관보다 수입이 많을 정도로 농업의 사회적 가치는 매우 높게 평가되고 있다.

중요한 것은 이 모든 결과가 쿠바의 독특한 정치적 환경과 불가분의 연관성을 갖고 있다는 점이다. 무엇보다도 쿠바가 자유시장, 자유무역과는 거리가 먼 사회주의 국가였다는 사실을 고려하지 않으면 안 된다. 만약 쿠바가 자유시장 경제 체제 아래서 미국의 거대 농업자본의 무차별 공세를 받았다면 그러한 실험이 성공적으로 실현될 수 있었을까?

또한 쿠바는 상당히 많은 변화에도 불구하고 여전히 사회주의 체제를 유지하고 있는 나라다. 그렇기 때문에 토지의 대부분이 국유지인 조건에서 도시농업을 희망하는 사람들이 사실상 무상으로 토지를 임대받을 수 있었던 것이다. 그리고 다양한 기술적 지원 역시 사회주의 국가가 갖는 특성과 무관하지 않다.

쿠바의 농업 실험은 전체 사회 시스템과의 연관 속에서 이해하지 않으면 안 된다. 그렇지 않고 유기농 등 농법의 전환만으로 쿠바와 유사한 결과를 기대하는 것은 대단히 관념적인 접근이다.

아무튼 우리는 쿠바의 실험을 통해 지속 가능한 국민농업이 어떤 조건에서 가능하며 어떤 방향으로 진행되어야 할지 대략적이나마 가늠할 수 있게 되었다.

무엇보다도 지속 가능한 국민농업은 자본주의 시장경제를 넘어서는 사회 시스템의 총체적 변혁을 수반하지 않으면 안 된다. 이러한 조건에서만 유기농 등 농업의 지속 가능성을 보장할 방안을 모색할 수 있다. 뒤에서 자세히 살펴보겠지만 유기농으로의 전환은 전 사회적인 지원 속에서 동시에 이루어지지 않으면 안 되는 특성을 지니고 있기 때문이다.

지속 가능한 국민농업으로의 전환은 농업의 다원적 가치를 회복시킴과 동시에 도시농업을 활성화시킨다. 도시농업의 활성화는 국민들이 농업에 보다 직접적인 이해관계를 갖도록 만들면서 농업 생산의 증대를 통해 먹을거리의 자급자족을 실현하는 데 기여한다.

이렇듯 '사회 시스템의 총체적 변혁－지속 가능한 생태농업으로의 전환－도시농업의 활성화－먹을거리 자급자족'은 하나의 연속적인 순환을 그리면서 자기완결적인 국민농업의 틀을 만들어낸다.

우리는 쿠바로부터 '신자유주의를 넘어서는 지속 가능한 국민농업'에 대해 많은 것을 얻을 수 있었다. 엄연히 사회적 환경이 다른 만큼 쿠바의 모델을 액면 그대로 적용할 수 없다고 해도 문제를 해결하는 기본 원리는 충분히 차용하고도 남음이 있을 것이다. 이런 점을 염두에 두면서 국민농업의 구조를 설계하는 작업에 착수해보도록 하자.

지속 가능한 생태농업으로의 전환

농업의 지속 가능성을 보장하고 다원적 가치를 회복시키는 것은 국민을 이해 당사자로 하는 국민농업의 기본적인 전제가 된다. 그러자면 관행농업으로부터의 탈피가 불가피하다.

이미 토지생산력의 저하, 생태계 파괴에 따른 자연방제력 약화 등으로 화학화에 기초한 관행농법은 더 이상 대안이 될 수 없음이 명확해지고 있다. 더욱이 해충의 면역성이 증대함에 따라 농약의 강도가 강해지면서 식품의 안정성이 갈수록 심각하게 위협받기에 이르렀다. 병충해를 없애려다 사람을 해치는 수준에 이른 것이다. 이는 농업의 근본적 전제를 부정하는 것이다. 따라서 관행농법을 뒤로 하고 지속 가능한 농업으로 전환하는 것은 더 이상 선택의 여지가 없는 문제로 다가오고 있다.

자연 속에 답이 있다

지속 가능한 농업은 포괄적 의미에서 생태농업으로 표현되고 있으며 여기에 속하는 농법과 기술은 매우 광범위하고 다양하다. 경우에 따라서는 부분적인 입장 대립이 존재하기도 한다. 먼저 대표적인 생태농업으로 자리잡고 있는 유기농업을 살펴보도록 하자.

유기농업은 가장 널리 채택되고 있는 대표적인 생태농법으로 쿠바가 시행하고 있기도 하다. 유기농은 인위적 요소를 최소화하면서 생태계 내부, 생태계와 인간, 동물의 유기적 순환을 통해 작물의 자생력을 키우는 농법이다. 농약과 화학비료를 투입하는 것은 이러한 순환을 파괴하는 것으로 엄격히 배제된다. 설령 유기물이라고 하더라도 과도하게 투입하면 생태계 순환을 방해할 수 있기 때문에 바람직하지 않다.

유기농에서 가장 중요한 것은 땅을 살리는 것인데 이 역시 천연 퇴비를 이용하여 땅 속의 생태계를 되살리는 데 주된 목적을 둔다. 즉 지렁이나 작은 벌레들이 되살아나 땅을 비옥해지도록 만드는 것이다. 벼농사 할 때 제일 쉬운 퇴비주기는 전해에 논에 보리나 밀을 심어 모심기 전에 이삭만 빼고 나머지는 그대로 땅에다 갈아엎는다.

땅을 살리는 방법으로 최근 주목받는 것은 숯을 이용하는 것이다. 숯은 죽은 땅의 독소를 빨아들이고 산성화된 땅을 알칼리로 바꿔준다. 또한 숯에 있는 무수한 구멍들은 유익한 미생물들에게 서식처를 제공해주며 숯에서 방출되는 원적외선은 작물들에게 좋은 영향을 준다. 더불어 숯 자체가 유익한 무기질 비료가 되기도 하며 제조 과정에서 나오는 목초액은 뛰어난 병충해 방제 역할을 한다.

농약을 사용하지 않는 유기농에서 가장 힘든 작업은 병충해 방제와 제초다. 많은 경우 직접 손으로 작업하지만 유기농 특유의 방법을 다양하게 구사하고 있다. 먼저 병충해 방제에 대해 살펴보자.

• 천적을 이용한 병해충 방제법

진딧물은 작물의 양분을 빨아먹을 뿐 아니라 바이러스

병도 전염시키는 귀찮은 벌레다. 이러한 진딧물의 강력한 천적은 칠성무당벌레다. 이 무당벌레는 유충일 때부터 진딧물의 체액을 빨아먹고 자란다. 천적은 이 밖에도 풀잠자리나 넙적등애의 유충 등 많이 있다. 유기농업은 바로 이러한 천적들을 이용해 병해충을 방지하며 무당벌레나 거미 등의 익충 서식처를 제공하기 위해 버드나무를 심기도 한다.

• 작물의 공생관계를 이용한 병충해 방제법

대파의 독특한 냄새는 토마토에 끼는 해충을 막아주는 역할을 한다. 또한 토마토와 뿌리를 얕게 내리는 대파를 함께 심으면 뿌리를 통해서 서로 영양을 주고받는다.

고추를 파먹고 사는 담배나방이를 막는 데에는 고추 옆에 들깨를 심는 것이 최고다. 담배나방이는 들깨 향을 제일 싫어하기 때문이다. 배추를 좋아하는 배추흰나비 유충을 막는 데는 고추가 좋고, 참깨 옆에다 호박을 심으면 호박꽃에 몰려드는 다양한 벌들이 참깨에 생기는 나방 유충을 없애버린다.

또 다른 재미있는 방법으로는 진딧물이 좋아하는 양배추나 케일을 배추나 토마토 주변에 심어놓으면 진딧물이 다른 곳에는 가지 않고 양배추나 케일에만 달라붙는다. 말하자면 양배추와 케일이 유인작물 역할을 하는 것이다. 이러한 유인작물로서는 유인 대상인 해충에 따라 옥수수 등 여러 가지가 있다.

• 발효 유기물을 이용한 병충해 방제법

병충해 방제를 위한 대표적인 유기물에는 천연 효소가 있다. 그 중에서도 미역 등 해물과 채소들 약 70여 가지를 섞어 발효시킨 백초액에다 식초와 칼슘과 목초액을 섞어 300~500배의 물로 희석시켜 벼에 뿌려주면 도열병과 문고병에 좋다. 흑명나방이나 벼멸구에는 백초액과 현미식초, 마늘유, 소주, 그리고 목초액을 140~200배로 희석시켜 뿌려준다.

담배 니코틴도 좋은 병해충 방제용이다. 담배꽁초 가루를 체에 받혀 물에 담가 니코틴 액을 만든 후 비누와 섞어 두세 번 뿌려주면 진딧물, 배추흰나비 유충 등에 살충 효과가 있다. 그리고 마늘을 잘게 갈아 기계유에 담가두고 비누 녹인 물에 100배로 희석시켜 뿌려주면 노균병, 탄저병에 효과가 있다. 또한 진딧물 퇴치에 가장 효과가 있는 것 가운데 하나가 우유인데 맑은 날 오전에 살포하면 마르면서 진딧물을 질식시켜 버린다.

농약을 사용하지 않는 유기농이 겪게 되는 가장 큰 어려움 가운데 하나는 제초다. 유기농을 하는 입장에서 가장 힘든 일이기도 하다. 많은 경우 수동기계를 이용해 직접 작업하지만 여기에도 유기농 특유의 방법이 사용된다.

• 그루갈이에 의한 제초 방법

그루갈이란 한마디로 작물의 공생관계를 이용해 풀에 대한 저항력을 키워주는 방법이다. 여기에는 크게 돌려짓기(윤작)와 섞어심기(혼작) 방법이 있다.

돌려짓기는 3~5년 계획을 두고 품목을 선택하여 돌려가면서 영농 체계를 세우는 방법으로 병충해와 연작 피해를 근원적으로 막을 수 있다. 즉 한 작물을 수확하기 전에 다음 작물을 심고 이전 작물의 부산물을 그대로 땅에 내버려두면 잡초 발생을 예방할 뿐 아니라 자연 퇴비 역할도 한다. 이는 순환적 농업 형태로서 바람직한 농업 방식이다.

섞어심기는 돌려짓기와 다르게 보완성이 있는 다른 작물들을 함께 심는 방법이다. 즉 서로를 필요로 하는 작물들을 함께 심어 공생성을 높임으로써 병충해와 잡초에 강한 능력을 키워주는 것이다. 예를 들면 그늘을 좋아해 땅으로 뻗는 오이와 하늘 높이 올라가는 옥수수를 함께 심으면 서로 도움이 된다. 들깨의 향이 고추의 병충해를 막아주기 때문에 들깨와 고추 역시 섞어심기 대상이 된다.

• 오리와 우렁이를 이용한 제초 방법

어린 오리 새끼를 300평 기준으로 20~30마리 정도 풀어 놓아 벼와 함께 자라게 한다. 어린 새끼여서 어느 정도 자란 벼는 건드리지 않고 새롭게 자라는 잡초와 벌레들을 먹고 자란다. 왕우렁이는 뛰어난 제초 역할을 한다. 왕우렁이는 번식력도 좋고 대식가여서 제초하는 데에는 아주 명수다.

이러한 맥락에서 볼 때 유기농은 전통 농업의 복원이라고도 할 수도 있다. 전통 농업은 조상 대대로 같은 장소에서 자연 생태계와 조화를 이루며 장기간 지속해온 농업이기 때문이다. 물론 그렇다고 해서 전통 농업의 복원을 액면 그대로 과거로 복귀하자는 것으로 이해해서는 안 된다. 오늘날 유기농은 생물학적 지식을 바탕으로 그 기술이 한층 발달되고 있고 각국의 경험 또한 과거와는 비교할 수 없을 만큼 풍부하게 교류되고 있기 때문이다.[5]

유기농업 이외에도 생태농업으로 간주할 수 있는 농법은 여러 가지가 있다. 그 중에서도 자연농업과 바이오 다이내믹 농업은 빼놓을 수 없는 생태농업이다.

자연농업은 인공적인 것을 배제하고 자연 그대로의 것을 추구하는 농법이다. 자연농업의 출발점은 산의 맨땅은 갈지 않았는데도 나무와 풀이 잘 자랄 만큼 비옥하다는 사실에 있다. 그렇기 때문에 산과 밭의 경계가 따로 없는 경우가 많다. 자연농법의 4대 원칙은 '땅을 갈지 않는다' '농약을 쓰지 않는다' '비료를 쓰지 않는다' '제초를 하지 않는다'이다. 유기농은 이 중 두 번째와 세 번째는 동의하지만 나머지에 대해서는 동의하지 않는다.

한편 바이오 다이내믹 농업은 자연계 전체는 상호 영향을 주면서 특수한 힘을 발휘한다는 사실을 중시한다. 유기농업의 기본 원리와 방법을 공유하면서도 달의 주기나 천체 운행과 농업 관리를 연결시키며 소똥과 규석을 섞는 등 여러 가지 바이오 증폭제를 사용한다.

생태농업의 경쟁력

일각에서는 생태농업을 근대 이전의 농업으로 복귀하는 것으로 오해하기도 한다. 심지어 농업 생산력의 발전 가능성을 부정하는 경우도 있다. 생태농업 안에 다양한 입장이 존재함을 고려할 때 부분적으로는 맞는 이야기일 수 있다. 그러나 생태농업은 대체로 근대 이후 농업이 갖는 과학적 방법 중에서 환경친화적인 것은 보존하면서 농업 생산력의 지속적 발전을 추구한다.

가령 생태계를 파괴하지 않는 범위에서 기계의 사용은 충분히 가능하다. 또한 생물학의 연구 성과를 바탕으로 생태학적 조합을 고도화함으로써 영양 공급과 병충해 방제를 더욱 과학적으로 보장할 수 있다. 자연 안에 존재하는 무한한 가능성을 활용하면 환경친화적인 방향에서의 농업 생산력 증대는 충분히 가능하다.[6]

그럼에도 불구하고 여전히 많은 사람들이 생태농업이 많은 인구를 먹여 살릴 수 있을 만큼의 생산성을 발휘할 수 있을지에 대해 강한 의문을 품어왔다. 이러한 가운데 생산성 저하가 식량 수입 증대로 이어질 수밖에 없음을 감안하면 차라리 관행농업을 고수하는 것이 낫지 않느냐는 의견이 매우 광범위하게 존재해왔다. 식량 주권 실현이라는 절대적 명제 아래서는 관행농업인가 친환경농업인가는 부차적인 문제라는 것이다.

이와 관련해서는 앞서 소개했듯이 쿠바의 실험이 이러한 의구심을 해소시키는 데 커다란 역할을 했다. 또한 스위스에서의 오랜 연구 결과는 투입물 규모를 고려할 때 유기농법이 관행농법에 비해 생산성에서 결코 뒤지지 않는다는 것을 확인해주었다. 보다 다행스러운 것은 우리나라의 친환경농업의 대부분을 차지하는 쌀의 경우는 유기농으로 전환할 경우 농약으로 농사짓는 관행농업에 비해 생산성 하락이 거의 없다는 점이다. 우리나라의 경우 유기농으로 전환했을 경우 최소한 쌀에 관한 한 생산성의 급격한 하락과 같은 문제는 존재하지 않는 것이다.

이와 관련해서 반드시 짚고 넘어갈 또 하나의 문제가 있다. 농산물의 '경쟁력'에서 가격 경쟁력만 절대시하는 경향이 바

표 1 _ 쌀 재배 유형별 경영 성과 비교 (단위 : 원/10a)

구 분	유기재배(A)	무농약재배(B)	일반재배(C)	대비(%)	
				A/C	B/C
수 량(kg)	457	462	471	97.0	98.1
단 가(kg)	2,526	2,422	2,012	125.6	120.4
조 수 입	1,174,695	1,099,426	968,623	121.3	113.5
경 영 비	411,656	394,960	282,590	145.7	139.8
소 득	763,039	704,466	686,033	111.2	102.7
소득률(%)	65.0	64.1	70.8	91.8	90.5

* 주 : 유기재배 55개 농가와 무농약 재배 33개 농가를 대상으로 국립농산물품질관리원의 협력을 받아
2003년 7월 28일부터 8월 15일까지 조사한 결과임.

로 그것이다. 이러한 경향은 생산자인 농민과 소비자 모두에게 적지 않게 남아 있다.

특히 정부 관료들은 압도적으로 이러한 사고에 깊이 물들어 있다. 그들의 머릿속에 환상처럼 자리잡고 있는 것은 거대한 농장에서 헬기를 동원해 농사짓는 미국 농업의 강력한 가격 경쟁력이다. 정부 관료들은 이러한 미국 농업과의 경쟁에서 살아남으려면 우리 역시 규모를 대폭 키워야 하고 기계화, 화학화를 더욱 촉진해야 한다고 주창해왔다.

분명한 것은 아무리 기를 쓰고 노력해도 델몬트나 카길과 가격으로 경쟁해서는 절대 이길 수 없다는 사실이다. 그것은 밴텀급 권투 선수가 체중을 늘려 헤비급 선수와 맞대결을 벌이겠다는 것만큼이나 무모한 것이다. 델몬트, 카길과 겨루어서 이길 수 있는 것은 딱 두 가지 뿐이다. 여러 가지 제도를 통

해 시장에서의 무한경쟁을 억제시키든가 그들이 갖지 못한 다른 요소를 확보함으로써 질적인 우위를 점하든가이다. 우리의 답은 둘의 절묘한 결합이 될 것이다.

먹을거리를 놓고 경쟁력을 따지는 것이 다소 어폐가 있기는 하지만 굳이 경쟁력을 논하자면 오늘날 식료품 경쟁력의 첫 번째 요소는 안전성이다. 아동의 20퍼센트가 아토피 피부 질환을 안고 있는 현실은 더 이상 먹을거리 안정성 문제를 뒤로 미룰 수 없는 과제로 만들고 있다. 이미 대부분의 국민이 식료품 안전성 문제에 노이로제에 걸려 있다고 해도 과언이 아니다. 그에 따라 좀 비싸더라도 안전한 먹을거리를 찾는 경향이 갈수록 강해지고 있다. 참살이를 지향하는 웰빙 바람 역시 이러한 경향을 강화시키는 데 한몫하고 있다.

경쟁에서 승리하는 최고의 방법은 처음부터 경쟁 자체가 불가능하도록 만드는 것이다. 친환경농법으로 식품 안정성을 확보하는 것이 선택의 첫 번째 기준이 될 때 뒤에서 살펴보겠지만 생태농법이 지역순환농업과 결합함으로써 수송비와 저장비를 대폭 절감하게 된다면 비용 문제는 충분히 해소될 것이다.

사회적 시스템

문제는 생산과 유통, 소비가 생태농업에 맞는 통일적인 시스템을 갖추는 것이며 국가가 이를 전면적으로 지원할 수 있는 태세를 갖추는 것이다. 생태농업은 결코 농민 개인이 농사 방법을 전환시키는 것만으로는 이룰 수 없다. 이런 점에서 관행농업의 고수를 농민들만의 책임으로 돌리는 것은 대단히 잘못된 태도라고 할 수 있다.

생태농업으로 전환하기 위해서는 일정 기간 상당한 수입 감소를 감수하지 않으면 안 된다. 유기농의 경우 지력 회복에만 5년 정도 시간이 걸린다. 이 기간 동안 별도의 소득 대책이 마련되지 않으면 안 된다. 또한 관행농업과 생태농업이 같은 지역 안에 혼재될 경우 생태농업이 고스란히 피해를 볼 수 있다. 가령 관행농업 지역의 병해충이 농약을 피해 생태농업 지역으로 몰려들 수 있다. 따라서 적어도 한 지역이 함께 생태농업으로 전환해야 한다. 이 모든 것은 개별 농가의 힘으로는 해결될 수 없다.

설령 사회적 시스템의 구축 없이 개별 농민의 선택으로 생태농업으로 전환한다 해도 그간 여러 경험을 통해 확인되었듯이 판로 확보와 신뢰 구축에서의 어려움으로 실패할 확률이 높다.[7]

이러한 맥락에서 국가 정책이 생태농업으로의 전환에 맞게 전면적으로 재구성되어야 한다. 우선 가능한 지역부터 생태농업을 실시하고 이를 점차 확대해나가는 방안을 마련할 수 있을 것이다. 물론 전환한 농가에 대해 충분한 인센티브가 제공되어야 한다. 생태농업으로의 전환이 소득 증가 등의 형태로 실질적으로 이익이 될 수 있도록 해야 하는 것이다.

이를 위해 소득직불제의 경우 작목이 아닌 면적 기준으로 이루어져야 한다. 지급 작목을 기준으로 하면 생태농업에 역행하는 단작이 강화될 가능성이 크기 때문이다. 한걸음 더 나아가 직불제가 생태농업에 우선 적용되는 방향으로 제도화되어야 한다.

또한 농업기술센터나 작목시험연구소 등 기술 관련 기구들도 생태농업에 맞게 운영되어야 한다. 아울러 흙살림 등 그간 유기농 관련 기술을 축적해온 민간단체에 대한 지원을 강화하거나 민관합작 형태의 기구를 설립하여 기술적 성과를 빠르게 일반화시킬 필요가 있다. 이러한 조치들이 신속하게 취해진다면 적어도 기술적 측면에서는 쿠바 이상의 빠른 속도로 생태농업으로 전환할 수 있을 것이다.

이 밖에도 농산물 이력제, 식품 검증제도 정비, 식품 관리법 보안 등 제도적 정비가 이뤄져야 하고 생태농업에 맞는 유통 구조 확보도 함께 이뤄져야 한다. 여기서 기존 농협의 역할을 강화하는 방안이 적극 모색될 필요가 있다. 도농 간의 교류와 연대를 위한 교량 역할을 해주고 도시 지역에서의 농민 장터 개설 등 필요한 인프라를 제공할 수 있을 것이다.

물론 짧은 기간 안에 생태농업으로 전환할 수는 없다. 그것은 사회적 여건의 성숙 정도에 맞게 단계적으로 확대될 수밖에 없다. 스위스를 위시한 OECD 국가들이 유기농의 비중을

10퍼센트 수준까지 올리는 데 보통 5년이 걸렸다고 한다. 이 수준이면 주요 곡물과 주요 축산물은 유기농으로 공급할 수 있고, 일단 시스템이 안정화되면 점차 50퍼센트 이상이 유기농으로 전환할 수 있는 기술적 여력이 생겨난다.

생태농업을 위한 사회적 시스템 구축에서 빼놓을 수 없는 것이 소비자를 직접적 이해 당사자로 만드는 것이다. 이를 위해서는 소비자를 다양한 형태로 생산 과정에 참여시킴으로써 생산과 소비의 간극을 최소화시켜야 하는데 이를 보장하는 것이 바로 지역순환농업이다.

도시농업의 활성화

우리는 생태농업으로의 전환을 통해 국민농업을 구성하는 하나의 고리를 밝혔다. 그로부터 또 다른 고리가 이어진다. 즉 도시농업 활성화를 통해 인구의 다수인 도시인들의 농업 참여를 확대시키는 것이다. 이러한 도시농업의 의미를 제대로 이해하자면 먼저 지역순환농업을 파악할 필요가 있다.

지역순환농업
생태농업은 산업화 과정에서 파괴된 순환 구조를 복원하는 것이 일차적 과제다. 이를 위해서는 일정 규모의 지역 안에서 생산과 소비가 순환하고 인간과 동물의 배설물이 지역을 보강하는 지역순환농업 도입이 필수다.[8] 이러한 지역순환농업은 국제 농업자본의 시장 지배를 극복할 수 있는 유력한 방안 가운데 하나로 떠오르고 있다. 폭넓은 관심을 끌고 있는 로컬푸드 시스템Local food system 구축도 이러한 지역순환경제의 또 다른 표현이라고 할 수 있다. 지역순환경제가 갖는 강점을 정리하면 다음과 같다.

- 지역의 전통과 자연환경, 식습관 등을 반영한 농사를 구축함으로써 생물 다양성을 보존할 수 있다. 앞서 살펴보았듯이 생물 다양성 문제는 매우 근본적인 문제로 등장하고 있다. 생물 다양성의 위기는 농업의 위기뿐 아니라 균형 있는 영양 섭취를 어렵게 하여 인간의 건강을 심각하게 위협하는 요소가 되고 있다.

- 지역 안에서 발생한 배설물이나 쓰레기 등 각종 유기물을 농사에 투입함으로써 환경개선 효과를 극대화할 수 있다.

- 지역 안에 농민 장터를 개설하거나 직접 배달하는 형태로 최단 시간 안에 농산물을 공급할 수 있다. 그럼으로써 농산물 가격에서 상당히 큰 비중을 차지하는 유

통비를 대폭 절감할 수 있다. 생태농업에 따른 생산비 상승이 발생하더라도 유통비 절감에서 상당 정도 상쇄할 수 있을 것이다.

• 농산물의 품질에서 중요하다고 할 수 있는 신선도를 유지할 수 있다. 이는 수송비 절감과 결합할 때 충분한 경쟁력을 가질 수 있다.

• 생산자와 소비자 사이의 거리를 최대한 좁히거나 일치시킴으로써 농산물에 대한 사회적 검증과 상호 신뢰를 강화할 수 있다. 지역순환경제는 소비자의 시야 안에서 농업 생산이 이루어진다. 그렇기 때문에 소비자들의 요구를 정확히 반영하게 된다.

• 지역공동체 활성화에 기여할 수 있다. 생산 활동은 본성상 능동적이고 협동적이라는 점에서 지역공동체 활성화에 가장 강력한 촉매제가 된다. 반면 소비는 본성적으로 수동적이고 개인적 성격을 지니고 있기 때문에 공동체 활성화에 한계를 지닌다. 이 점에 관해서는 뒤에서 좀더 자세히 살펴볼 것이다.

지역순환농업은 한마디로 외부로부터 교란되거나 침해받

지 않고 해당 지역 거주자가 자신의 전통과 환경에 맞게 건강, 공동체, 생태 등을 포괄적으로 고려하면서 먹을거리를 자주적으로 해결하는 시스템이다. 이런 점에서 지역순환농업은 양적 개념으로서의 식량 주권을 질적으로 심화시키는 핵심 고리가 된다. 이러한 지역순환농업을 공간적으로 확장시킨 것이 바로 도시농업이라고 할 수 있다.

도시농업

지역순환경제 이야기를 처음 접한 사람은 시종 떨칠 수 없는 의문이 있을 것이다. 농촌은 충분히 그렇다 치더라고 인구의 다수가 사는 도시는 어쩌란 말인가! 결론은 간단하다. 도시 지역에서도 동일하게 지역순환농업의 원리에 따라 농사를 지어야 한다. 모든 농산물을 완전하게 자급할 수 없더라도 가능한 범위에서 자체 해결해야 하는 것이다.[9]

도시농업하면 아직 생소한 느낌을 갖는 사람들이 많다. 누가 어느 곳에다 무엇을 경작할지에 대해 갖가지 의문을 품을 수 있다. 그런데 인류 역사를 되돌아보면 도시농업이 생소하게 된 것은 근대 이후 짧은 기간 동안 나타난 일시적 현상일 뿐이다.

인간은 먹지 않고는 살 수 없기 때문에 먹을거리를 생산하는 것은 선택의 여지가 없는 필수적인 생산활동이다. 그런데 근대 이전에는 먼 거리에서 야채 등 먹을거리를 수송하는 것이 쉽지 않았기 때문에 도시 역시 자체로 먹을거리를 생산해야 했다. 따라서 도시 면적의 3분 1 정도는 농지로 활용되는 것이 일반적이었다.

상황이 달라진 것은 근대 이후 산업화와 함께 도시가 급성장하면서부터였다. 도시로의 인구 집중이 가속화되면서 도시 안의 농지가 사라져간 반면 수송 혁명과 냉장고의 발명 등으로 먹을거리의 원거리 수송과 저장이 가능해지자 도시는 농업을 가차 없이 추방하기 시작했다. 결국 도시는 농업과 인연을 끊고 말았으며 그 대가로 도시는 각종 유기물질이 오염물질로 퇴적되는 고통을 겪어야 했다.

이러한 상황은 세계를 변혁하기를 꿈꾸었던 많은 사람들에게 심각한 고민거리가 되었다. 예를 들면 러시아 혁명의 아버지라 불리는 레닌은 1901년 '농업 문제와 마르크스의 비판'에서 다음과 같이 말한 바 있다.

> 인공비료가 천연비료를 대신할 수 있고 이미 (일부에서) 이런 방법이 사용되고 있더라도 천연비료가 버려지면서 도시 주변과 공장 지대의 강과 공기를 오염시키는 것은 절대로 합리화될 수 없다. 최근까지도 대도시 근교에는 농업에 매우 이로운 도시 폐기물을 이용하는 농장들이 있긴 하지만 이는 단지 폐기물 중 극히 미미한 일부만을 처리할 뿐이다.

도시가 농업을 다시 끌어안기 시작한 것은 그다지 오래되지 않은 일이다. 역설적이게도 도시에서의 농업을 부활시키는 촉진제가 되었던 것은 신자유주의 세계화였다. 한편으로는 급격히 증대된 실업자들이 새로운 생계 수단을 찾으면서, 또 다른 한편에서는 먹을거리의 세계화에 따른 식품 안전성이 위협받으면서 도시에서 직접 농사를 짓는 시도가 확산된 것이다.

이제 농업과 도시를 대립시켰던 구도는 낡은 것이 되어가고 있다. 더욱 더 많은 도시인들이 농업에 종사하기 시작했다. 아시아와 아프리카 등 비교적 가난한 나라의 도시에서 불붙기 시작한 도시농업은 그것이 지닌 갖가지 효과가 입증되면서 선진국으로 확산되기에 이르렀다. 일례로 캐나다 서부 해안의 최대 도시인 밴쿠버의 경우 시민의 44퍼센트가 도시농업에 관여하고 있으며 독일의 수도 베를린에는 시유지에 마련된 커뮤니티 농장에서 농사를 짓는 시민이 8만 명이나 된다.

도시농업에 참여하는 사람들의 구성은 도시농업을 생계 수단으로 삼는 실업자 출신에서 노인과 주부, 직장인에 이르기까지 매우 다양하다. 노인들이 소규모 텃밭을 가꾸는 것은 어느 도시를 가든 흔히 볼 수 있는 장면의 하나가 되고 있다. 또한 근무일 수가 줄면서 직장인들 사이에 주말농장 형태로 도시농업에 참여하는 경우가 늘고 있다. 한마디로 직업과 신분을 가리지 않고 도시인들 상당수가 농사꾼으로 변모해가는 추세라고 할 수 있다.

도시농업과 관련하여 가장 먼저 제기되는 의문은 농지 확보의 문제다. 결론부터 이야기하자면 도시라는 협소한 공간에서도 얼마든지 농사를 지을 수 있다. 도시농업은 공간 개념에서 농지를 중심으로 한 전통적 기준을 과감히 파괴한다. 도시에서의 농지는 새롭게 창조되는 공간이다. 지표 중심에서 공중농업으로, 수평농업에서 수직농업으로(담과 건물벽 등에 장치를 이용해 수직으로 농사를 짓는 것), 실외농업에서 실내농업으로 공간을 확장하면 도시농업의 공간은 무제한 늘어날 수 있다.

몇 가지 예를 들어보자. 유휴지나 도로와 하천 주변 땅은 물론이고 옥상 등 건물의 빈 공간을 이용할 수 있다. 베란다 등 건물의 실내 공간 역시 장식을 겸할 경우 폭넓게 공간을 확보할 수 있다. 또한 수경재배 등 재배 방식을 다각화하고 타이어 등 도구를 이용하면 공간을 더욱 다양하게 확보할 수 있다. 담벼락, 주차장이나 건물 외벽 등 수직 공간도 훌륭하게 농사 공간으로 활용할 수 있다. 심지어는 도시 곳곳에 널려 있는 지하 공간조차도 재배지로 이용된다. 이 밖에도 하수구를 이용한 양식이 가능하며 공원에 양과 소떼를 방목할 수 있다. 생각을 조금만 바꾸면 도시에서의 농사 공간은 무궁무진하다.

이와 함께 우리가 주목해야 할 사실은 도시농업은 공간 집약적인 농업기술을 사용한다는 점이다. 대체로 도시농업은 교외 농업에 비해 단위면적당 3~13배 정도의 높은 생산성을 거두는 것으로 확인되고 있다. 러시아의 경우 도시농업이 차지하는 면적은 전체 농경지의 4퍼센트밖에 되지 않지만 생산량은 30퍼센트 정도에 이른다. 생산성이 무려 열 배 가까이 되는 것이다. 세계에서 영토가 가장 넓은 러시아에서조차 도시농업의 비중이 크다는 것은 매우 흥미로운 대목이 아닐 수 없다.

이렇게 하여 도시농업은 채소부터 시작하여 과실, 천연약재의 상당 부분을 자급할 수 있으며 한걸음 더 나아가 육류 공급을 확대할 수도 있다. 인구가 밀집된 대도시조차 이 점에서는 예외일 수 없다. 중국의 대표적인 대도시 가운데 하나인 상하이는 채소의 85~90퍼센트를 도시농업으로 해결하고 있으며 농지가 시 구역의 10퍼센트 밖에 되지 않는 홍콩 같은 과밀도시도 채소의 45퍼센트, 돼지고기의 15퍼센트, 닭고기의 68퍼센트를 도시농업으로 조달하고 있다. 전형적인 도시국가인 싱가포르는 채소의 25퍼센트를 시내에서 생산해서 공급하고 있으며 돼지고기, 닭고기, 달걀 등을 완전 자급하고 있다.

도시농업 이야기를 끄집어내면 그동안 농촌에서 농사를 지어온 농민들 중에서는 시큰둥한 반응을 보이는 경우가 많다. 이유는 두 가지다. 하나는 농촌에서는 땡볕 아래서 죽어라 고생하며 농사를 짓는데 그에 비하면 도시농업은 신선놀음 하는 것 아니냐는 것이다. 또 다른 하나는 도시농업이 그나마도 수입 농산물에 의해 잠식된 농산물 시장을 재차 잠식하지 않겠느냐는 우려다. 결론부터 이야기하자면 도시농업은 기존 농업의 강력한 원군으로서 도시농업이 발전해야 농촌도 살고 농민도 살 수 있는 길이 열린다. 말 그대로 도시농업과 농촌은 상생 관계인 것이다.

현재 많은 농민들이 생태농업으로의 전환을 모색하고 있는데 가장 큰 걸림돌은 판로 확보다. 실제 유기농 농산물은 매년 60퍼센트 정도 증가하고 있는데 수요는 30퍼센트 정도 증가에 머물고 있는 실정이다. 이런 상태에서는 아무리 생태농업으로의 전환이 절박하다고 이야기해봐야 아무런 소용이 없다. 결국 인구의 절대 다수를 차지하는 도시인들이 생태농업에 직접적인 이해관계를 갖도록 만들지 않으면 안 된다. 이러한 문제해결을 위해 가장 좋은 방법이 바로 도시농업을 활성화하는 것이다.

도시농업은 여러 가지 이유로 생태농업을 지향할 가능성이 매우 높다. 환경오염에 시달리고 있는 도시 한복판에서 농약과 비료를 뿌리는 것은 여론의 논총을 받기 쉽다. 아울러 도시에서는 자신이 직접 먹기 위해 농사를 지을 가능성이 크기 때문에 생태농법을 선택하기 쉽다. 날로 심각해져가는 먹을거리의 안정성 문제는 그 같은 선택을 강제하는 한 요소가 될 것이다. 덧붙여 쿠바가 도시 지역에서는 비료와 농약 사용을 법으로 금지했던 것처럼 제도적 뒷받침이 뒤따른다면 도시에서의 생태농업은 확정적인 것이 된다.

도시에서의 생태농업 발전은 도시인들을 생태농업에 대한 적극적 지지자로 변모시킬 수 있다. 직접 농사를 지어보는 것이상으로 생태농업의 절실함을 깨우치는 좋은 방법은 없다. 결국 도시인들이 친환경 농산물의 소비자로 바뀌면서 기존 농업 역시 생태농업으로 전면적인 전환이 가능해진다.

더불어 도시에서의 식료품 자급률이 높아지면서 농촌은 식량 기지로서 역할을 강화할 수 있다. 그 결과 식량자급률을 높은 수준으로 끌어올릴 수 있다. 그럼으로써 생태농업으로의 전면적인 전환이 가능해지며 국제 농업자본으로부터 우리 농업을 지킬 수 있는 자생력이 확보된다.

이러한 맥락에서 농민들은 도시에서 단 한 포기의 채소를 키우는 것에 불과하더라도 농사를 짓는 것이라면 무엇이든지 환영하고 지지할 수 있어야 한다. 여기서 도시농업에 참여하는 동기는 중요하지 않다. 경제적 동기에 의한 것이든 건강을 위해서든 단순한 취미에 따른 것이든 관계없이 도시농업에 동참하는 것 모두를 환영할 수 있어야 한다.

결론적으로 도시농업은 생태농업의 일반화에 필요한 전사회적 시스템 구축의 중심 고리가 된다. 도시농업의 효과는 여기에 그치지 않는다. 뒤에서 자세히 살펴보겠지만 노인복지, 교육과 의료, 도시환경 개선 등 다양한 삶의 영역에서 수많은 효과를 낳는 것이다.

한마디로 산업사회가 야기한 갖가지 사회적 질병을 치유할 수 있는 효과적인 방안이 도시농업인 것이다. 그런 만큼 도시농업 확산을 위한 자발적 시민운동 활성화, 기술적 지원 시스

템 구축, 제도와 재정적 지원 방안 마련이 매우 시급하다고 할
수 있다.

생태도시로의 진화

농업이 도시 안에서 확산되면 도시 자체의 환경이 크게 달
라진다. 삭막하고 짜증나는 도시가 쾌적하고 즐거운 도시로
탈바꿈할 수 있다. 사실 근대 이전 도시는 자연과 밀접하게 연
관되어 농촌 속에 존재했다. 그렇기 때문에 도시 역시 물과 공
기가 자연스럽게 순환했고 농촌과 동일하게 영양 순환이 이
루어졌다. 그러나 산업화와 함께 도시는 농촌과 단절되고 나
아가 자연의 순환 체계 속에서 이탈하고 말았다. 그리하여 물
과 공기의 정상적인 순환이 어려워지고 인간과 동물의 배설
물은 오염물질로 돌변했으며 숲이 사라지면서 콘크리트 더미
가 도시 한복판을 가득 메우게 되었다.

이 모든 결과 도시는 인간 삶을 강하게 핍박하게 되었다.
매순간 마시는 도시의 공기는 각종 독극물을 포함한 오염물
질로 가득 차 있다. 도시의 거리를 걷다 보면 눈이 따갑고 목
이 메스꺼울 정도다. 또한 대도시의 중심가는 한여름 온도가
교외 지역보다 4~5도나 높은 숨 막히는 공간으로 전락했다.

서울의 경우 도시 안과 밖의 기온 차가 최대 9.6도까지 나
기도 했다. 고층 빌딩과 아파트 숲이 바람 길을 막아버린 조건
에서 냉난방으로 열이 발산된 결과다. 또한 서울의 봄철 상대

습도는 40년 전과 비교해볼 때 16퍼센트가 감소할 정도로 도시는 메말라 있으면서 피부 질환이 만연되어 있다. 도시 표면의 70퍼센트 정도가 콘크리트로 덮여 있고 녹지 공간이 부족함으로써 수분조절 능력이 퇴화한 결과다. 이러한 요인들로 도시에서의 삶은 각종 편의시설에도 불구하고 고통스럽기 짝이 없다.

도시는 거대한 오염물의 퇴적지로 전락하면서 그 속에서 살아가는 생명으로 하여금 고통으로 몸부림치도록 만들고 있다. 여기에 머물지 않고 도시의 오염은 생태계 전반을 파괴하면서 인류의 생존을 위협하는 대재앙을 불러오고 있다. 도시는 인류를 죽음의 세계로 빨아들이는 거대한 블랙홀이 되어가고 있다. 도시가 만들어낸 지구온난화로 인한 재앙은 그 대표적인 경우다.

2007년 3월 6일 유엔의 '정부 간 기후변화위원회IPCC'는 벨기에 브뤼셀에서 기후변화 영향, 취약성 분야WG2 회의를 갖고 충격적인 내용을 담은 2차 보고서를 발표했다. 보고서에 따르면 지구온난화로 2080년대 지구 평균기온이 3도 이상 올라가면서 전 지구 생물 가운데 대부분은 멸종할 것이다. 또한 히말라야의 빙하가 녹으면서 아시아는 홍수와 산사태가 크게 늘어날 것으로 보인다. 동남아시아와 서아시아의 낮은 해안 지역은 바다 속으로 사라질 가능성이 높다. 이와 함께 온도가 높아지고 강수량이 크게 변화하면서 작물 생산량이 줄어들어

기근이 확산될 것이다.

그러면 우리의 경우는 어떠한가. 환경부는 지구온난화 추세가 계속될 경우 2050년에 한반도 기온은 3도 오르고 강수량이 17퍼센트 증가할 것이라고 예측했다. 태풍이 지금보다 훨씬 자주 한반도를 강타하며 심한 더위가 닥칠 것으로 전망했다. 평균 해수면도 연간 0.1~0.6센티미터 상승할 것으로 분석됐다. 연안 지역의 침수가 빠르게 진행될 게 자명하다. 국립해양조사연구원에 따르면 연안 침수는 이미 진행 중으로 부산 연안은 1973~2006년까지 34년간 해수면이 7.8센티미터 상승했다.

국립산림과학원은 한반도의 평균 기온이 5~6도 상승할 경우 우리나라에 살고 있는 기존 산림 생물들이 대부분 멸종할 것이라고 전망했다. 소나무, 전나무, 자작나무, 밤나무 등 전 품종의 나무들이 멸종 위기에 닥칠 것으로 내다봤다. 벼 등 농업부문도 직격탄을 맞을 것으로 예상되고 있다. 한국환경정책평가연구원에 따르면 2081~2090년 전국 평균 벼 수확량은 1971~2000년 전국 평균 벼 수확량에 비해 14.9퍼센트 줄어든다.

이 같은 환경 대재앙 속에서 인류는 생존할 수 있을까? 생존할 수는 있겠지만 그것은 매우 비참한 모습이 될 것이다. 아마도 생존하는 것 자체가 고통일 것이다. 따라서 지구온난화를 방지하고 생태계를 복원하는 것은 그 무엇보다도 절실한

과제가 되고 있다. 이 문제를 배제하고서는 그 어떤 미래 청사진도 공허하기 그지없다.[10]

생태계를 복원하기 위해서는 불가피하게 인간의 삶의 조건을 근본적으로 재구성하지 않으면 안 된다. 여기서 빼놓을 수 없는 것이 인구의 절대 다수가 거주하는 도시의 지속 가능성을 확보하는 것이다. 그렇다면 죽어가는 회색도시를 회생시킬 수 있는 것은 무엇인가. 그것은 생명의 기운을 가득 뿜어내고 있는 녹색의 식물뿐이다.

도시 안에서 녹지 공간이 갖는 효과를 잘 드러내고 있는 곳이 고궁이다. 창덕궁, 창경궁, 종묘 등 서울의 3개 고궁에 대한 연구 결과에 따르면 6~8월 경 고궁 안의 온도는 600미터 떨어진 혜화동 로터리보다 3~4도 낮았다. 그리고 고궁으로 다가갈수록 200미터마다 1~2도씩 낮아졌다. 고궁 안의 시원한 공기가 주변으로 퍼지면서 일종의 에어컨 역할을 해주고 있는 것이다.

고궁의 효과는 일차적으로 고궁의 숲을 이루고 있는 나무로부터 발생하는 것이다. 전문가들에 따르면 지름 15센티미터 나무 한 그루는 24평형 에어컨 한 대를 12시간 가동하는 만큼의 냉방 효과를 발휘한다. 나무를 많이 심으면 도시의 뜨거운 열기를 낮출 수 있다는 이야기다. 우리나라 도시의 녹지 비율은 대체로 10~15퍼센트인데 10퍼센트만 올려도 온도를 1도까지 낮출 수 있는 것으로 추산되고 있다. 실제 가장 무더운 도시로 알려졌던 대구의 경우 그와 같은 방법으로 평균 온도를 낮출 수 있었다. 반면에 최근 들어서는 경남 밀양이 가장 무더운 지역으로 이름을 올려놓고 있다. 논밭이 온통 비닐하우스에 점령당했기 때문이다.

도시 안에서 식물의 식생이 늘어나면 각종 오염물질과 이산화탄소를 흡수하고 산소를 방출함으로써 탁월한 공기정화 효과를 발휘한다. 아울러 광합성 작용을 통해 공기의 흐름을 원활하게 해준다. 우리나라가 지구온난화를 초래하는 온실가스[11] 배출량 세계 9위면서 증가 속도에서는 1위임을 감안하면 이 점은 매우 중요하다고 할 수 있다.

이 밖에도 도시에서의 녹지 확대는 물 순환을 도와 홍수 가능성을 낮추고 공기 습도를 유지시킨다. 또한 다양한 동물들에게 서식처를 제공하면서 인간에게는 정서 안정의 효과를 안겨다준다. 말 그대로 죽어가던 도시가 새로운 생명을 얻게 되는 것이다. 바로 이러한 점에서 오늘날 생태도시를 도시 진화의 보편적인 방향으로 삼는 데 별다른 이의가 없다. 반면 빌딩이 늘어나고 도로가 확대되는 것으로 도시 진화의 척도를 삼는 경우는 거의 없다고 볼 수 있다.

그런데 여기서 문제가 하나 발생한다. 녹지를 조성하는 것도 쉽지 않지만 그보다 어려운 것은 이를 잘 유지하고 가꾸는 것이다. 이 문제를 행정 관청에게만 맡겼을 경우 분명한 한계를 지닐 수 있다. 날로 늘어나는 녹지 공간을 행정력만으로 관리하는 것은 아무래도 쉽지 않다. 바로 이 점에서 가장 효과적인 해답을 주는 것이 바로 도시농업이다.

도시농업을 통해 녹지 공간을 확보하는 것은 무엇보다도 시민 각자에게 직접적인 이익을 안겨다준다는 매력이 있다. 집 근처와 옥상 등에 꽃과 나무, 채소를 심으면 경관을 개선하고 먹을거리를 조달하는 등의 다양한 이익을 얻을 수 있음은 굳이 설명할 필요가 없을 것이다. 아울러 도시농업을 통해 자원을 절약하는 효과를 낳을 수 있다.

옥상 농업을 예로 들어 보자. 30도가 넘는 한 여름에 콘크리트로 된 옥상의 표면온도는 50도가 넘는다. 그 밑 부분은 40도가 넘으면서 집안 온도를 뜨겁게 달군다. 만약 옥상에 야채나 화훼 등 식물을 심으면 옥상 표면의 온도는 26~27도 수준을 유지하게 된다. 그만큼 여름철 냉방비를 크게 절약할 수 있다.

바로 이런 점에서 도시농업을 매개로 도시의 녹색 공간 확대를 추진할 경우 시민의 자발적인 참여를 보장할 수 있다. 즉 도시농업을 매개로 하면 관 주도가 아닌 시민 주도의 생태도시를 만들 수 있는 것이다.

서울시가 환경 개선을 위해 건축 시 일정 비율 이상의 콘크리트 포장을 못하도록 기준을 만든 바 있는데 비포장 지역을 도시농업 공간으로 활용할 수 있을 것이다. 또한 도시공원 또한 시민농원 형태로 꾸미는 것을 적극 추진할 필요가 있다.

이와 관련해서는 일본의 일부 도시들이 도입하여 상당한

성공을 거둔 것으로 평가되고 있다.[12] 시민농원은 시민들이 기획, 조성, 관리 전 과정을 책임지며 공원의 효과도 일반 공원보다 높은 것으로 나타났다. 특히 어린이들의 호기심을 유발하면서 다양한 교육 효과를 낳고 있다.

이러한 맥락에서 생태도시로의 진화는 도시농업을 매개로 하여 시민들의 자발적 참여를 늘리고 행정관청이 이를 뒷받침하는 형태가 되어야 할 것이다. 서울시는 남산 주변에 푸른 옥상 가꾸기 사업을 전개하면서 필요 재정의 절반을 지원하고 있는데 가급적이면 옥상 농업을 유도하는 것이 바람직하다. 그럴 때만이 시민의 자발적 참여와 지속적 관리가 보장되기 때문이다. 그렇지 않으면 일시적 이벤트에 그치기 쉽다.

전 국민적인 먹을거리 공동체 형성

도시농업이 확산되고 도시인들이 보다 직접적으로 농업과 관계를 맺게 되면 농업은 더 이상 농촌에 국한된 것일 수 없으며 좁은 의미에서 농민만의 것이 될 수도 없다. 불가피하게 국민 모두가 다양한 형태로 직접 관계를 맺게 된다.

우리가 애써 도시농업에 많은 지면을 할애하면서 자세하게 다루는 이유가 바로 여기에 있다. 도시농업을 통해 농업은 비로소 국민농업으로서의 위상을 확보하는 것이다. 그러나 도시농업 활성화만으로 국민농업이 안정적 기반을 확보했다고 볼 수 없다. 먹을거리가 종전처럼 시장에 전적으로 의존하는 한 자본의 논리가 관철되면서 농업은 끊임없이 교란될 수밖에 없기 때문이다.

농업과 시장 사이의 모순

그동안 농산물은 시장을 통해 교환되었다. 농민은 생산된 농산물을 시장에 판매하였고 소비자는 필요한 농산물을 시장을 통해 구입하였다. 그러다 보니 소비자는 가격을 지불한 것으로서 자신의 몫을 충분히 다했다고 여기게 되었다. 그 이상 농업에 대해 책임감을 가질 이유가 없었다. 이러한 자본주의 시장경제 체제를 고수한다면 국민농업으로의 발전은 결코 기대할 수 없다.

자본주의는 모든 것을 상품화하며 상품가치에 따라 모든 것을 평가하는 사회다. 즉 시장이 모든 것을 지배하는 사회인 것이다. 시장 만능주의자들의 입장에서는 의심할 여지없이 농산물도 시장에서 유통되는 상품 가운데 하나다. 그 연장선에서 시장 만능주의자들은 농산물 역시 자유무역의 대상이 되어야 하며 그럴 때 비교우위 원리에 따른 이익을 기대할 수 있다고 주장한다.

하지만 시장만능주의는 농업의 가치를 극단적으로 평가 절하할 뿐이다. 무엇보다도 자유시장과 그것이 세계적으로 확장된 자유무역은 농업이 지닌 다원적 가치를 부정한다. 시장은 오로지 상품화가 가능한 부분에 대해서만 가치를 인정하기 때문이다. 예를 들면 논농사의 경우 상품으로 취급되는 쌀만 가치를 인정받을 뿐 상품화되지 않는 생태보전, 산소공급, 홍수조절 기능 등의 다원적 기능은 가치 평가에서 배제된다.

문제는 농업생산 활동은 상품화 가능한 부분과 그렇지 않은 부분이 분리될 수 없다는 점이다. 예를 들면 쌀 생산을 포기하는 순간 논이 수행해온 다양한 기능 또한 사라진다. 이 점은 국제 무역의 경우 심각한 문제를 야기한다. 상품으로서의 쌀은 수입이 가능하지만 생태유지 등 논의 다원적 기능은 결코 수입할 수 없기 때문이다.

바로 이러한 이유로 농산물은 결코 자유무역의 대상이 될 수 없다. 농산물이 WTO의 자유무역 대상 품목에서 제외되어야 하는 이유가 바로 여기에 있다.

따라서 농업의 다원적 기능이 유지되고 그 가치가 정당하게 평가받기 위해서는 반드시 자본주의 시장경제를 뛰어넘지 않으면 안 된다. 농산물이 자유무역 대상에서 제외되는 것은 물론이고 자유시장을 대신하는 새로운 생산·유통·소비 시스템을 구축해야 한다. 그것은 한마디로 표현해서 전 국민적인 먹을거리 공동체를 구축하는 것이다.

그동안 정부 인사나 학자들 혹은 시민운동가들이 개방 농정 시대에 살아남을 수 있는 방법으로 생태농업을 주장하는 경우가 많았다. 자유무역을 기정사실로 인정하고 출발한 것이다. 비슷한 맥락에서 틈새시장을 노리는 상업적 환경농업을 추구하는 농민들 숫자가 늘어왔다.

이는 심각한 자기모순이 아닐 수 없다. 생태농업이 처음부터 시장 경쟁의 포로가 될 때 결국은 경쟁력에서 우위를 확보한 소수만이 살아남는다. 생산성에서 뒤떨어진 나머지는 망하거나 다시 지겨운 관행농업으로 복귀하고 말 것이다. 결국 생태농업으로의 전환은 실패로 끝나고 마는 것이다.

거꾸로 생태농업을 기반으로 하는 먹을거리 공동체의 전망 없이 자유무역을 반대하는 것 또한 근본적인 한계를 가질 수밖에 없다. 자유시장은 필연적으로 자유무역과 내통할 수밖에 없기 때문이다. 농업이 자본주의 시장경제와 궁합을 맞추려고 하는 한 끊임없는 경쟁력 강화 논리에 노출되면서 최적의 지점을 찾아 세계 시장 진출을 꾀할 수밖에 없다. 실제 많은 상업적 농축산업이 이미 세계 시장을 겨냥해 움직이고 있다. 이 경우 일방적인 자국 농업의 보호는 설득력을 잃어버리고 만다. 수출 확대 논리가 수입 제한 논리를 파괴하고 마는 것이다.

어쩌면 이러한 주장은 시장 이외의 질서에 대해서는 상상조차 안 해본 사람들에게는 한낱 뜬 구름 잡는 이야기로 들릴 것이다. 그래서 진짜 뜬 구름 잡는 이야기 하나를 소개할까 한다.

1854년 미합중국 대통령 피어스는 백인 대표단을 파견하여 원주민(인디언) 부족이 살아온 땅을 팔 것을 제안했다. 지금의 워싱턴 주에 해당하는 인디언들의 삶터를 자신들이 차지하는 대신 인디언 보호구역을 주겠다는 것이 백인 정부의 제안이었다. 그러자 몸집이 장대하고 우렁찬 목소리를 가졌다고 전해지는 시애틀 추장은 이렇게 대답했다고 한다.

"하늘이나 땅의 온기, 공기의 선선함과 반짝이는 물을 우리가 소유하고 있지도 않은데 어떻게 그대들에게 팔 수 있단 말인가?"

참으로 한 톨의 쌀알 속에는 거대한 우주가 들어있다. 한톨의 쌀이 만들어지기 위해서는 하늘이 내리는 비와 바람, 땅의 온기, 반짝이는 물 등과 수많은 작용을 거친다. 이 과정 전체를 시장에서 평가하는 것은 불가능하다. 그럼에도 불구하고 시장 평가를 절대시한다면 이는 사람을 노예로 팔고 사고 인간의 성을 매매하는 것처럼 측정 불가능한 가치에 가격을 매기는 것과 조금도 다를 바 없을 것이다.

공동체적 해법

농업의 다원적 가치를 온전히 보존하고 발전시키기 위해서 궁극적으로는 농업이 자본주의 자유시장과 자유무역 체제에서 벗어나야 한다. 그러자면 농산물의 생산과 유통, 소비를 아우르는 전혀 새로운 시스템을 구상하지 않으면 안 된다. 새로운 시스템의 단초는 지역순환경제에서 찾을 수 있을 것이다.

지역순환농업은 생산자와 소비자의 간극을 줄여준다. 공간적 의미에서 거리를 좁히는 데 머물지 않고 도시농업 활성화를 통해 소비자이면서 동시에 생산자인 경우가 점점 더 늘어날 것이다. 이러한 지역순환농업의 발전은 생산과 유통, 소비 전 과정을 협동적으로 책임질 수 있는 새로운 시스템의 도입을 가능하게 한다. 이른바 지역책임농업이라고도 부를 수 있는 이러한 시스템에 대해서는 세계 곳곳에서 다양한 형태의 선구적 실험이 진행되어왔다.

친환경 먹을거리 공급을 목적으로 삼고 있는 도시 지역의 생활협동조합은 지역책임농업의 매우 중요한 단초가 될 수 있다. 도시농업을 통해 직접적인 생산 활동을 전개한다면 일정한 지역 안에서 생산된 것을 직접 배달이나 농민 장터 등을 통해 공유할 수 있다. 생산과 유통, 소비를 아우르는 통합 시스템을 만들 수 있는 것이다. 물론 이러한 시스템이 생산 활동을 원만히 보장하자면 필요한 기금 확보 등 다양한 장치가 반드시 필요할 것이다.

그런데 지역순환경제는 그 자체로 모든 문제를 완결 지을 수 없다. 도시 지역의 경우 식량을 위시하여 필요한 모든 먹을거리를 조달하는 데 분명한 한계가 있기 때문이다. 따라서 도시와 농촌을 연결하는 보다 큰 순환이 이루어지지 않으면 안 된다. 여기서도 지역순환경제와 동일한 원리가 적용되어야 한다. 즉 도시의 소비자와 농촌의 생산자가 직접 결합하고 생산과 유통을 함께 책임지는 시스템을 갖추어야 하는 것이다.

바로 여기서 도시 곳곳에 매장을 갖추고 있는 농협이 중요한 역할을 할 수 있다. 이와 관련해서는 일본의 사례가 많은 도움이 될 것이다. 일본의 농업협동조합은 1890년대까지 거슬러 올라가며 오늘날 일본 농민은 생산물의 거의 60퍼센트가량을 농협을 통해 판매한다. 이런 농협들은 점차 직영매장이나 농민 장터를 세우거나 또는 조합원의 상품을 소비자에게 직판하고 있다.

일본의 농협이 작동시키고 있는 여러 장치 중에서 농민에게 가장 친숙한 것은 테이케이라고 불리는 것이다. 이것을 직역하면 '협력 관계'인데 농민과 소비자가 직접 결합하는 먹을거리 네트워크라고 할 수 있다. 테이케이가 종종 농민의 얼굴이 새겨진 먹을거리로 통용되는 데는 이유가 있다.

가장 최근 추정치(2004년)에 따르면 현재 800~1000개의 테이케이 단체가 있으며 그 조합원은 1500만 명이나 되고 연간 매출액은 수백억 달러에 이른다. 이 중 대부분은 먹을거리의 질이나 상점에서의 값비싼 먹을거리를 걱정하는 여성들이 먼저 시작했다고 한다. 소규모 단체들은 10~30가구가 농민 한 명과 관계를 맺고 있으며 일본에서 가장 큰 단체는 140만 이상의 회원과 일본 전역의 농민 네트워크를 갖고 있다.

우리는 이러한 여러 나라의 경험을 바탕으로 전 국민적인 먹을거리 공동체를 구축해야 한다. 먹을거리 공동체는 자본주의 시장경제와는 질적으로 다른 시스템이라고 할 수 있다. 자본주의 시장경제를 움직이는 원리는 기본적으로 수많은 사적 소유자 간의 끝없는 경쟁이다. 이에 반해 먹을거리 공동체는 '공유와 협력'이라는 사적 소유와 경쟁에 대립되는 원리를 기초로 삼고 있다.

생활협동조합 등 먹을거리 공동체를 구성하는 시스템은 결코 특정 개인의 자산이 아니다. 그것은 참여자 모두의 공동 자산이다. 그리고 공동의 목표를 향한 구성원간의 협력이 우선이다. 사적 소유와 시장경쟁이라는 장치가 여전히 작동하지만 전체적으로 볼 때 보조적 의미만 있을 뿐이다.

그리하여 국민농업의 틀 안에서의 먹을거리 공동체는 사회 전체적으로 볼 때 자본주의 시장경제를 극복하는 선도적 부문이 될 것이다.

출발점으로서 학교 급식

친환경적인 안전한 먹을거리 생산을 바탕으로 전 국민적인 먹을거리 공동체를 건설하는 것은 매우 복잡하고 힘겨운 과정을 거칠 수밖에 없다. 무엇보다도 시장을 무대로 한 자본의 강력한 공세를 극복하지 않으면 안 된다. 이미 유기 농산물의 상당 부분이 시장을 통해 유통되고 있으며 그 배후에는 강력한 자본의 힘이 작용하고 있다. 시장을 무대로 한 이러한 자본의 활동은 한편으로는 친환경 농산물의 유통망을 제공하지만 궁극적으로는 농업의 다원적 가치를 파괴함으로써 친환경 농업에 대한 근본적 장애를 조성한다.

바로 이런 점에서 전 국민적인 먹을거리 공동체 건설은 시장에 대한 의존도를 최소화하는 가운데 자발적 시민운동을 기반으로 추진되지 않으면 안 된다. 여기에 공공기관의 유효적절한 지원과 협력을 결합시켜야 한다. 여기서 중요한 것은 다수의 국민이 가급적 빠른 시간 안에 먹을거리 공동체 형성의 필요성을 절감하도록 하는 것이다. 친환경 우리 농산물로 학교 급식을 실시하도록 하는 것은 바로 이러한 요구에 딱 들어맞는 운동이라고 할 수 있다.

아이들의 먹는 문제에 무관심할 부모는 없다. 자기 자신은 굶어도 자식은 먹이는 것이 사람들의 보편적인 심성이다. 다만 요즘은 관심의 초점이 바뀌고 있을 뿐이다. 즉 굶주림을 면하는 것에서 안전한 먹을거리를 제공하는 것이 보다 중요한 관심사가 되고 있는 것이다.

단적으로 어린이들 사이에서 아토피 피부 질환이 만연하고 있는 것은 안전한 먹을거리 공급이 얼마나 절박한지 웅변해 주고 있다. 바로 이러한 이유로 친환경 우리 농산물 학교 급식은 매우 폭넓은 지지와 동의를 얻을 수 있다.

친환경 우리 농산물에 익숙해진 아이들은 커서도 친환경 우리 농산물을 찾을 확률이 높다. 적절한 교육 프로그램이 결합된다면 이 점은 더욱 분명해질 것이다. 결론적으로 친환경 급식은 미래 사회가 친환경 농산물을 일반적으로 요구하도록 만드는 지름길이다. 아울러 부모들 역시 아이들을 통해 친환경 우리 농산물의 중요성을 자각하면서 이를 안전하게 공급받는 데 관심을 가지기 시작할 것이다. 이런 점에서 친환경 우리 농산물 급식은 전 국민적 차원에서 먹을거리 공동체를 형성시키는 강력한 지렛대가 된다.

친환경 우리 농산물 학교 급식의 첫걸음을 내디딘 곳은 제주였다. 2005년 5월 현재 제주는 전체 학생수의 11.5퍼센트인 1만 1212명의 학생들에게 무농약 쌀을 비롯해 전면적인 친환경 급식을 시행하게 되었다. 1인당 하루 500원으로 책정된 친환경 급식의 추가 비용은 일체의 학부모 추가 부담 없이 전액 지방자치단체가 부담하고 있다. 2005년 한 해 동안 모두 10억 원의 소요 예산을 제주도와 4개 시·군이 각각 반씩 부담하고 있다.

제주 친환경 급식운동은 지난 2003년 3월 26일 아라중학교 학교운영위원회 산하에 '친환경 유기농 급식 준비위원회'가 구성되면서 시작됐다. 이 운동은 "아이들을 건강하게! 농촌을 부강하게! 제주를 청정하게!"라는 구호에 담긴 '아이들 우선, 도시와 농촌의 상생, 자연과 인간의 공존'이라는 사회적 가치 운동이었다. 이러한 가치 정립은 이후 전라남도 나주시와 전라남도, 인천시 등 전국적으로 친환경 우리 농산물 급식을 학교 급식의 궁극적 목표로 확산시키는 데 모태가 됐다.

제주 지역 급식운동이 처음부터 그 목표를 '친환경' 급식으로 설정한 배경에는 "아이들은 가장 안전하고 가장 우수한 먹을거리를 제공받을 권리가 있다"는 당위성과 더불어 지역이 고립된 섬이라는 생태적 취약성 때문이었다. 식수와 산업용수를 100퍼센트 가까이 지하수에 의존할 수밖에 없는 조건을 고려할 때 무분별하게 뿌려지는 맹독성 농약과 화학비료는 장차 돌이킬 수 없는 생태적 재앙을 몰고 올 수 있다는 위기의식이 반영된 것이었다.

2003년 이후 2년 동안 제주 친환경 급식운동은 세 개의 주요한 축으로 전개됐다. 그 세 개의 축은 첫째, 친환경 급식 추진을 위한 아라중학교 '초록빛 학교' 운영 둘째, 학교 급식 개선을 위한 포괄적인 대중조직으로서 '친환경 우리 농산물 학교 급식 제주연대' 조직과 '친환경 우리 농산물 학교 급식 조례' 제정운동 그리고 마지막으로 민·관 협의체로 운영된 '제주시 친환경 급식 추진 실무협의회' 활동으로 정리할 수 있다.

주목할 만한 것은 세부 추진계획 수립 과정에서 친환경 급식 식재료의 안전성 확보를 위한 제도적 장치를 명문화한 것이다. 제주도청, 도교육청, 국립농산물품질관리원 제주지원, 친환경 급식 제주연대가 공동으로 합동점검반을 꾸리고 친환경 식재료에 대해 분기별 잔류농약 검사는 물론 반기별 DNA 검사를 실시하기로 한 것이다. 이는 유전자 조작식품GMO과 수입 농산물 사용에 대한 안전망을 확보하기 위한 장치로서 학교 급식 식재료 점검에 DNA 검사 항목을 제도화한 또 하나의 의미 있는 성과기도 하다.

제주 친환경 급식에 이와 같은 혁신적인 내용과 기준을 담아낼 수 있었던 것은 숱한 우여곡절과 진통 속에서도 끝끝내 조례의 명칭과 내용에 '친환경'과 '우리'라는 용어를 관철했기 때문이다. 현재 '제주도 친환경 우리 농산물 학교 급식 사용에 관한 지원 조례'라는 다소 긴 이름의 조례는 광역단체에서는 유일하게 '친환경'과 '우리 농산물'이라는 용어를 사용하고 있다.

제주에서의 이 같은 성과는 곧바로 다른 지역에 영향을 미치기 시작했다. 전라남도에서는 주민 발의에 따른 학교 급식 조례 제정운동이 시민운동의 모범으로 평가받기에 이르렀고 이는 곧바로 인천광역시에서의 급식운동으로 이어졌다.

인천 급식 시민모임은 지난 2003년 7월 인천 지역 23개 시민사회단체가 참가해 만든 단체다. 인천 지역은 전라남도의 성과에 자극받아 학교 급식의 중요성을 논의했고 이를 기초로 조례 제정운동을 시작했다. 당시 인천 급식 시민모임은 학교 급식 조례 제정운동을 친환경 급식의 중요성을 알리고, 제도화운동을 확산하며, 시민의 참여의식을 고취시키는 '일석삼조' 운동으로 삼았다.

인천의 주민 발의 청원을 위해서는 20세 이상인 3만여 명의 서명이 있어야 했다. 연일 거리 서명이 이어졌고 전교조·민주노총을 비롯한 단위 중심의 서명운동이 조직됐다. 각 기초 단체별로 조례 제정 운동본부를 꾸려 '저인망식'의 서명운동도 진행했다. 성과는 대단했다. 서명운동을 벌인 지 3개월이 채 안 되어 목표로 잡았던 3만여 명을 훨씬 웃도는 4만여 명의 서명을 확보했다. 드디어 2003년 12월 26일에는 고대하던 기자회견을 갖고 인천 시민 3만 8650명의 서명명부를 제출했다.

이러한 과정을 거쳐 인천 지역 최초로 주민 발의에 의한 조례가 제정될 수 있었고 그 결과 2005년 현재 81개의 학생들이 친환경 급식 혜택을 받을 수 있게 되었다. 그러나 여전히 많은 한계를 노출했다. 관계 당국과 학교운영위원회의 인식 부족과 무성의는 여전히 큰 장애로 작용했으며 인천시 학교 급식 조례에는 '우리 농산물'과 '친환경 농산물'이 아닌 '우수 농산물'로 표기되어 있다. WTO 규정 위배라는 반대 진영의 논리를 제대로 극복하지 못한 결과였다.

그러면 여기서 친환경 우리 농산물로 학교 급식을 해결하도록 조례에 명시하는 것이 WTO 규정 위반인지를 살펴보자.

지난 2005년 정부 산하 기관인 전북교육청은 학습조례에 우리 농산물을 명시하는 것은 WTO 규정 위반이라고 제소했다. 이 소송은 대법원까지 갔는데 대법원은 우리 농산물 조례를 위법한 것으로 판결했다. 판결의 근거는 국내 법 체계에 따르면 국제법이 국내법에 우선하며 WTO 규정 역시 국제법 가운데 하나라는 것이다.

이러한 판단 근거는 모든 나라가 무조건 국제법을 국내법에 우선으로 하지 않음을 감안하면 심각하게 재검토되어야 한다. 참고로 미국의 경우 철저히 국내법을 우선으로 하고 있으며 연방국가가 체결한 조약이나 협정을 주정부가 이행할 의무가 없다. 문제의 심각성은 설령 대법원의 판단 근거를 존중한다고 해도 최종 판결은 매우 잘못되었다는 점에 있다.

우리 농산물 조례와 관련된 WTO 규정은 미국, EU, 일본 등이 포함된 WTO 회원국 30여 각국과 체결된 정부조달 협정이다. 이 협정은 상대방이 정부조달 시장을 열어주는 만큼 자국의 시장을 열어주는 상호주의 원칙에 입각해 있다. 그런데 미국, EU, 일본 등 대부분의 가입국들이 학교 급식을 예외조항으로 포함시키고 있다. 즉 학교 급식 재료에 대해서는 자국의 농산물을 선택할 수 있는 권리를 보장하고 있는 것이다. 이런 점에서 미국 등 주요 가입국들이 한국에 대해 우리 농산물 조례를 문제 삼을 근거는 전혀 없다. 싱가포르, 이스라엘, 홍콩만이 학교 급식을 예외조항에 포함시키고 있는 않은데 이들 나라는 우리나라에 농산물을 수출할 가능성이 없기 때문에 역시 전혀 문제가 되지 않는다.

이런 점에 비추어 본다면 협상 주체인 정부 당국은 정부조달 협정을 협상할 때부터 다른 나라처럼 학교 급식을 예외조항에 포함시켜야 했다. 그런데 엉뚱하게도 자신이 잘못한 것은 반성하지 않고 법원에 제소를 했고 무지몽매하기 짝이 없는 대법원은 위법 판결을 내리고 말았다. 이는 한국 사회의 지배 관료들이 얼마나 한심한 상태에 놓여 있는지를 드러낸 전형적인 사례에 속한다고 할 수 있다.

이러한 여러 가지 많은 제약에도 불구하고 친환경 우리 농산물로 학교 급식을 실현하기 위한 운동은 더욱 힘을 얻어가고 있다. 그리하여 학교 급식은 친환경 우리 농산물을 중심으로 먹을거리 공동체를 구축하는 확고한 전진기지로 자리 잡아갈 것이다. 이는 곧 외국 농산물로부터 우리 농산물을 보호하는 방어벽이 곳곳에 형성됨을 의미한다. 우리가 학교 급식 운동을 주목해야 하는 이유가 바로 여기에 있다.

농업 시스템의
혁신적 재구축

05
AGRICULTURE

내용이 바뀌면 형식도 그에 맞게 변해야 한다. '생태농업−
지역순환농업−먹을거리 공동체'로 연결되는 지속 가능한 국
민농업으로 대안 농업의 좌표를 설정한다면 농업 구조도 그
에 맞게 혁신하는 것이 당연하다.

현재 정부의 정책은 개방 농정 아래서 시장 경쟁력 강화를
목적으로 전업농, 기업농을 육성하는 것을 농업 구조조정의
기본 방향으로 잡고 있다. 이는 규모화, 기계화, 화학화를 더
욱 강화하려는 방안으로 우리가 생각하는 대안 농업의 방향
과는 정반대라고 할 수 있다. 과연 이러한 선택이 성공할 수
있을까? 그에 대한 해답은 그간의 경험을 통해 충분히 나와 있
다고 할 수 있다.

이미 십 수 년 넘은 농업 구조조정의 결과가 말해주듯이 동

일한 방식으로 거대한 국제 농업자본과 경쟁하려고 시도하는 순간 패배는 필연적이다. 장거리 수송비를 감안한다 해도 관행농법의 기준으로 본다면 농산물 수출국가의 경쟁력을 따라잡는 것은 절대 불가능하기 때문이다.

이미 논의한 대로 우리는 국제 농업자본이 범접할 수 없는 방식으로 절대 경쟁력을 확보해야 한다. 근대 농업이 아닌 21세기 선진 농업을 추구해야 하며 농업 구조 역시 20세기 자본주의 농업 구조를 뒤쫓아가는 것이 아니라 그것을 뛰어넘는 21세기 선진 시스템을 구축해야 한다.

특히 우리가 주목해야 할 지점은 농업에서의 구조 혁신은 전사회적인 구조 혁신의 시발점이 될 수 있다는 사실이다. 농업이 새로운 사회를 열어나가는 견인차 역할을 톡톡히 할 수 있는 것이다.

소농 중심의 협업 체계

소농을 중심으로 한 전통적인 농업은 가족을 부양하는 데 주된 목적이 있었다. 그러나 자본주의 발전과 함께 농업의 1차적 목적은 돈을 버는 것으로 바뀌었다. 자본주의적 상업농과 기업농이 일반화하기 시작한 것이다.

더 많은 돈을 벌기 위해서는 생산성을 끊임없이 끌어올려야 한다. 그런데 농업은 생물학적 요인 때문에 단위면적당 생산성을 향상하는 데 일정한 한계가 있다. 작물 수확량은 대부분 광합성 산물인데 잎의 광합성 속도는 생물 고유의 최고치가 있기 때문이다. 예를 들면 옥수수, 사탕수수 등은 $80mgCO_2/100cm^2/$시간, 벼, 밀, 콩, 고구마 등은 $40\sim50mgCO_2/100cm^2/$시간이며 그 속도는 노화와 함께 저하한다고 한다.

이처럼 단위면적당 생산성에 한계가 있기 때문에 자본주의적 농업에서의 생산성은 주로 1인당 생산성 향상을 추구한다. 이를 위한 가장 중요한 방법은 규모를 확대하는 것이다. 산업화와 함께 이루어진 지속적인 이농은 농업 인구를 감소시킴으로써 이러한 규모 확대의 조건을 제공하였다.

규모 확대는 필연적으로 기계화, 화학화를 수반하게 되었고 공정을 단순화시킴으로써 효율성을 극대화시켰는데 이를 위해 단작은 필수 요소가 된다. 말하자면 농업의 공업화를 추진하는 것이다. 실제로 자본주의적으로 운영되는 기업농을 보면 작업 방식이 공장과 매우 흡사하다. 작업은 공장에서처럼 기계가 중심이고 작업자들은 조를 짜서 각각 분할된 공정을 담당한다.

소련은 이러한 농업의 공업화를 더욱 높은 수준에서 달성하려고 노력했다. 이를 통해 농업 생산력에서 자본주의 사회를 추월할 수 있다고 판단했다. 그리하여 대규모 협동농장과 국영농장이 소련의 농업을 지배하게 되었다. 북한이나 쿠바

등도 대체로 이러한 소련 방식을 추구했다고 할 수 있다. 그 결과 진보적 관점을 가진 사람들 사이에서는 협동화, 국영화를 농업 발전의 기본 방향으로 사고하는 경향이 강했다.

그런데 쿠바의 실험은 이에 대한 사고를 완전히 뒤집어엎고 말았다. 유기농을 전면적으로 전환하는 과정에서 소농과 비교할 때 국영농장의 생산성이 형편없이 떨어졌던 것이다. 국영농장은 여전히 작업 공정에 따라 조별로 역할을 나누어 수행했는데 이는 유기농에는 전혀 부합되지 않았다. 밭을 가는 조는 밭만 갈고 종자를 뿌리는 조는 종자만 뿌리는 방식으로는 전체적인 생태 흐름을 파악하기 힘들었다.

반면 소농의 강점이 뚜렷하게 부각되었다. 유기농에서 가장 중요한 것은 기계적 역할 분담이 아니라 자연과의 진정한 교감 속에서 끊임없이 학습하고 실험하는 자세다. 한정된 농지에서 농사를 지으면서 상황 전체를 파악하고 대처해야 하는 소농은 바로 이 지점에서 매우 적합한 형태였다.

우리나라 농가는 대체로 가족 노동에 의존하는 소농 형태를 띠고 있으며 보유 토지는 3500평 수준이다. 이는 세계적으로 21세기의 농업 형태라고 하는 '유기농'에 우연히도 가장 적합한 구조다. 부부가 열심히 농사짓는다고 할 때, 유기농으로 농사지을 수 있는 기술적 한계는 3000평 정도로 추정되고 쌀의 경우는 오리 또는 우렁이 농법 등 비교적 통일화된 방법으로 7000평까지 가능한 것으로 추정되고 있다.

따라서 토지 소유관계를 안정화한다면 우리나라 농업 경영 형태는 빠른 속도로 유기농으로 전환할 수 있는 조건을 갖추고 있다. 반면 토지 소유 상한제를 철폐하고 7만 대농가 중심으로 농업을 재편하려는 정부의 방침은 친환경 농업과 정면으로 배치되는 것이다. 생태농업에 가장 적합한 형태는 소농 방식이다. 지난 세기 공업을 지배해왔던 기업식 생산 조직은 더 이상 해답이 될 수 없다.

그렇다고 하여 고립분산적인 소농이 모든 것을 해결해주는 것은 아니다. 도리어 소농간의 긴밀한 소통과 협력이 무엇보다 중요하다. 유기농의 경우 풍부한 생물학적 지식과 생태 동향에 대한 지식, 그리고 다양한 바이오 기술이 요구된다. 이러한 문제는 소농 혼자서 해결할 수 없다. 또한 같은 지역 안에서 작목을 어떻게 배합하는가에 따라 서로에게 해가 될 수도 있고 도움이 될 수도 있다. 이런 점에서 작목반 형태의 동일한 작목 재배자간이든 상이한 작목 재배자간이든 유기적 협업은 매우 중요한 과제가 된다.

소농간의 수평적인 협업은 작목별 지역 조직 및 전국 조직으로 발전해야 한다. 이를 통해 생산량을 조절하면서 시장 불안정을 극복해야 한다. 더불어 지역순환농업을 바탕으로 생산자와 소비자 간의 간극을 최소화하면서 보다 직접적인 관계를 통해 농산물이 유통되도록 해야 한다. 이 모든 것은 자본주의적 발전 방향과는 사뭇 다른 새로운 농업발전 전략이라고 할 수 있다.

소농간 협업은 마르크스 이래 진보주의자들이 오랫동안 꿈꾸어왔던 '자유롭고 독립적인 생산자들의 연합'을 구현하는 전형적인 모델이 될 것이다. 아울러 이러한 모델은 21세기 사회의 발전 방향과도 정확히 일치하는 것이다.

오늘날 인류의 생산력 발전 단계는 이른바 지식 기반 경제에 돌입하고 있다. 지식 기반 경제는 기계제 공업이 지배하던 산업시대와는 달리 지적이고 창의적 노동이 중심이 되는 경제다. 또한 산업시대의 몰개성적인 수직적 통합과 달리 개인의 독창성을 기반으로 한 수평적인 협력이 강조된다. 이런 점에서 소농 중심의 협업 체계는 21세기 생산 시스템 구축에서 선도적 지위를 차지하게 된다.

'기간농민제' 도입과 농업공사

20세기에는 국가와 민의 관계에서 두 가지 극단적인 모델이 있었다. 모든 노동자와 농민의 상당수가 국가 공무원 신분을 가졌던 소련식 모델과 모든 것을 개인에게 내맡겼던 영미식 모델이 그것이다. 우리는 개인의 자유로운 연대를 기초로 자율적으로 움직이며 국가가 여기에 복무하는 새로운 모델을 수립해야 한다. 그러한 모델을 가장 먼저 선보일 수 있는 것이 바로 농업 분야다. 우리는 앞서 소농 중심의 협업 체계가 이후 농업을 이끌고 갈 선진 모델임을 확인했다.

그런데 소농은 자신이 짓는 농사에 대해서는 전체적으로 파악하고 있지만 그것을 넘어서기는 힘들다. 종종 자신의 이익을 중심으로 사고하면서 공동의 이익과 대립할 수 있다. 소농 간 협업에 균열이 발생할 수도 있으며 전체 생태 유지, 국토의 유지 발전, 문화 고양과 관련하여 충돌이 발생할 수도 있다.

이러한 이유로 개별 이익을 뛰어넘어 공동의 이익을 중심으로 사고하고 행동할 수 있는 사람이 반드시 필요하다. 우리는 이 문제를 개인의 양심이나 헌신에만 의존해서 풀 수 없다. 그것은 반드시 제도적으로 해결되지 않으면 안 된다.

공동 이익을 우선하면서 소농 개인의 이익을 조정하는 역할은 포괄적으로 국가의 영역에 속한다. 국가는 여전히 일반적 이익을 대표하는 것이다. 바로 이러한 국가의 임무를 대행할 특수한 신분의 농민을 육성하고 배치할 필요가 있다. 우리는 이들은 잠정적으로 국가기간농민이라고 부르도록 하자.

기간농민은 반은 농민이고 반은 공직자인 농민일 것이다. 기간농민은 협업 체계 속에서 필요한 기술적 조언을 하면서 협력이 원만하게 유지되도록 하는 역할을 할 수 있을 것이다. 동시에 농업의 다원적 가치를 실질적으로 관리하는 공적 기능을 수행할 것이다.

기간농민제는 농업 노동력의 중요한 재생산 구조가 될 수 있을 것이다. 향후 농업 노동력의 재생산은 기존 가족 단위 재생산 구조가 붕괴된 상태에서 취업과 창업 형태에 크게 의존할 수밖에 없을 것이다. 이런 점에서 기간농민은 농업으로의 취업 통로가 될 것이다. 아마도 많은 경우는 기간농민을 거쳐 독립 소농으로 전환할 것이다.

기간농민제 도입과 관련해서는 과거 유사한 경우들이 있었다. 예를 들면 예전에 농촌공사의 전신인 농업기반공사에서 수로 관리 등에 농민을 고용한 적이 있었는데 이는 기간농민의 맹아라고 할 수도 있다. 또한 프랑스 등에서 시행하고 있는 국토관리사 등도 기간농민제의 유미의성을 뒷받침하는 사례라고 할 수 있다.

이러한 소농 중심의 협업 체계를 관리하고 지원할 수 있는 종합 농업 지원센터로서 농업공사가 필요하다. 농업공사는 뒤에서 살펴보게 될 토지 소유관계를 전반적으로 관리하면서 기간농민제를 운영하고 필요한 지원을 강구하는 역할을 할 것이다.

농업공사는 현재 농촌공사의 역할을 강화 발전시킨 것으로 충분히 실현될 수 있다. 결코 복잡하거나 어려운 문제가 아니다. 중요한 것은 정책 당국의 의지뿐이다. 현재 농촌공사가 담당하고 있는 사업으로는 농어촌정비법에 따른 농어촌정비, 농업기반 시설의 유지 관리, 농어촌 용수 및 지하수의 개발과 관리, 농지 조성, 농어촌 도로 개설, 복합 영농 및 농공단지 개발 등이 있다. 이밖에도 농지의 매매와 임대차를 시행하는 농지은행사업이 있는데 현재는 영농 규모 확대에 초점을 맞추어 운영되고 있다.

이 같은 농촌공사를 농업공사로 발전시키기 위해서는 위에서 열거한 역할들을 생태농업의 확산에 맞게 재조정할 필요가 있다. 예를 들면 생태계 파괴의 원천을 최소화하는 방향에서 수자원 등 농업 관련 자원을 감시하고 관리해야 한다. 더불어 농촌진흥청과 산하 농업 관련 기술연구소 등과 연계하여 생태농업에 대한 기술적 지원을 대폭 강화해야 한다. 더불어 농지 관련 사업도 지금처럼 영농 규모 확대에 초점을 맞추는 것이 아니라 소농간 협업이 안정화되도록 하는 데 힘써야 한다.

소유권과 사용권 분리에 입각한 농지공유제 확립

경제 개발이 본격화되기 이전 토지 문제 핵심은 농지 문제였다. 농지 분배와 토지 문제 해결은 거의 동의어나 다름없었다. 그러나 산업화가 급진전되면서 양상은 크게 달라졌다. 전체 토지 문제에서 농지 문제의 비중은 농업의 비중만큼이나 크게 약화되었다.

상황은 농지의 절대면적마저 빠르게 줄어들고 있는 것으로 나타났다. 현재 우리나라 전 국토 중 경제면적은 180만 헥타르인데 현재의 속도라면 매년 1500헥타르 정도가 다른 용도로 잠식되면서 2020년경에는 160만 헥타르로 줄어들 것으로 전망되고 있다. 문제는 이러한 위협으로부터 농지를 보호할 장치가 제대로 마련되어 있지 않다는 점이다. 좀더 정확하게 표현하면 그나마 있던 안전장치마저 제거되고 있는 실정이라고 할 수 있다.

1949년 농지 개혁 이후부터 1가구당 3정보(9000평) 이하의 농지 소유만 허용하는 농지 소유 상한제가 적용되어왔다. 이는 여러 가지 약점에도 불구하고 소농을 보호하기 위한 민주적 제도였다. 그러나 이러한 토지 소유 제도는 1993년 이른바 UR 협상이 타결된 뒤 1994년, 우리 농업도 규모화를 통해 국제 경쟁력을 높인다는 취지로 농업진흥지역 안은 10정보로, 이 지역 밖은 5정보로 늘리기 시작하며 무너지기 시작했다.

2년 뒤인 1996년 1월에는 농업진흥지역 안의 농지 소유 상한제는 아예 철폐됐고, 5정보 이하로 제한했던 지역 밖 소유 제한도 2003년 1월에 마침내 폐지하고 말았다. 사실상 농지 소유 상한제가 무너진 것이다.

농지 소유 상한제의 붕괴는 필연적으로 소농의 붕괴로 이어졌으며 한걸음 더 나아가 경자유전耕者有田 원칙에 입각한 농민적 소유 자체를 위협하기에 이르렀다. 농지 소유 상한제의 붕괴는 도시의 자산가들이 농지를 매입할 수 있는 길을 열어준 것에 다름 아니었다. 이미 도시 주변의 돈이 될 만한 농지는 가족의 위장전입 등 갖가지 편법으로 도시인에게 다 넘어갔다고 보면 크게 틀리지 않다.

이러한 가운데 농림부는 사실상 도시인의 농지 소유를 전면적으로 허용하는 방향에서 농지법 개정을 추진해왔다. 농민에게 5년 이상 임대해주는 조건으로 도시인의 농지 소유를 허용하자는 것이다. 누구나 다 알듯이 도시인이 농지를 소유하는 것은 농사를 짓기 위해서가 아니라 언젠가 불어닥칠 개발이나 투기에 대비해서다. 그러므로 도시 자본의 농지 소유를 전면적으로 허용하는 것은 결국 농토를 모두 투기장화하고 파괴하는 것으로 귀결될 수밖에 없다. 이는 미래에 나타날 수 있는 가능성의 세계가 아니라 이미 현실이 되고 있다.

언제나 그러하듯 투기 자본과 건설은 항상 함께 움직인다. 인위적인 공사를 통해 땅값을 올려 투기 이익을 보장함과 동시에 건설업자의 배를 불릴 수 있기 때문이다. 그래서 투기 자본이 농지를 휩쓸고 지나가는 순간 곧바로 각종 건설업자들이 몰려들어 논밭을 깔아뭉개는 공사판을 벌린다.

돌이켜 생각하면 이 땅의 역대 정부는 밥 먹고 눈 뜨면 하는 일이 굴삭기로 산 깎고 문전옥답 갈아 뭉개어 그 흙으로 공단과 아파트 단지를 만드는 일이었다. 여기까지는 배고픔과 가난을 면하기 위한 어쩔 수 없는 선택이었다고 보아 넘길 수도 있다. 그러나 최근에는 차마 눈 뜨고 보기 어려운 참상이 곳곳에서 벌어지고 있다. 엄연히 한쪽에 도로가 나 있는데 불과 얼마 떨어지지 않은 거리에 또 다른 도로를 닦는 공사가 비일비재하다. 그로 인해 민중의 한이 서려 있는 논밭이 사정없이 갈아 뭉개지고 있다. 마침내 전 국토가 한국도로공사 공화국으로 점령당하기에 이른 것이다.

이러한 가운데 이농, 고령화 등으로 경자유전 원칙이 현실과 멀어져가는 조건에서 투기 열풍은 농지 소유자조차 농사보다는 재산 이득에 더 깊은 이해관계를 갖도록 하고 있다. 만약 이러한 상황이 방치된다면 농지는 투기와 연관된 각종 개발에 휩쓸리고 그 결과 농업 기반은 돌이킬 수 없는 지경에 이르게 될 것이다.

앞서 살펴보았듯이 농업은 다원적 가치를 지니고 있으며 다양한 공익적 기능을 수행한다. 따라서 농업의 일차적 기반이 되는 농지 또한 공공의 성격을 지니고 있다. 이러한 생각은 결코 새로운 것이 아니다. 농지의 소유와 이용에 대한 규정을 다루고 있는 농지법조차 전문을 통해 농지가 지니는 공공성을 분명히 하고 있다.

> 농지에 대한 기본이념은 농지가 국민의 식량공급과 국토환경보전의 기반이고 농업과 국민경제의 균형 있는 발전에 영향을 미치는, 한정된 귀중한 자원이므로 소중히 보전되어야 함은 물론 공공복리에 적합하게 관리되어야 하며, 그에 관한 권리의 행사에는 필요한 제한과 의무가 따른다는 데에 있다.(중략)

농지는 농업의 생산성을 높이는 방향으로 소유·이용되어야 하며 투기의 대상이 되어서는 안 된다. 국가 및 지방자치단체는 농지에 관한 기본이념이 구현되고, 농지를 보전하고 합리적으로 이용하여 농업의 육성과 국민경제의 균형 있는 발전에 이바지하도록 농지에 관한 시책을 수립·시행하여야 하고, 모든 국민은 농지에 관한 기본이념을 존중하고 국가 및 지방자치단체가 시행하는 농지에 관한 시책에 협력하여야 한다.

이러한 맥락에서 농지는 투기로부터 철저히 차단되어야 한다. 거꾸로 농지가 갖는 공공성을 기초로 하여 토지 문제를 근본적으로 해결할 수 있는 단초를 마련해야 한다. 그러자면 원칙적으로 농지에 대한 소유권과 사용권을 분리하는 것이 필요하다. 즉 토지공유제를 확립하면서 농민이 최소의 비용으로 토지사용권을 행사할 수 있도록 하자는 것이다.

이러한 과정은 자원의 원칙을 바탕으로 하여 제도적 강제를 적절히 결합하는 방식으로 추진할 수 있을 것이다. 즉 농지 투기를 원천적으로 차단함으로써 재산 소득을 기대할 수 없도록 하고 공공토지로의 수용은 농민에게 실질적 이익을 안겨줄 수 있도록 해야 한다.

국가 혹은 공공기관에 의한 토지 수용은 유상을 원칙으로 장기 지불 형태로 이루어질 수 있을 것이다. 이렇게 되면 재산 소득을 기대하는 사람들에게는 상당히 실망스런 것이 되겠지만 지속적으로 농업에 종사하고자 하는 입장에서는 분명하게 경제적 이득이 될 것이다. 왜냐하면 토지 수용 비용 지불이 실질적인 소득 증가로 이어질 수 있을 것이기 때문이다. 심각한 농가부채를 안고 있는 농가라면 토지 수용의 대가로 부채를 탕감할 수도 있을 것이다. 자연사하거나 이농 등으로 경자유전의 원칙이 지켜지기 어려운 농지라면 자연스럽게 공공토지로 수용하는 방안이 마련되어야 할 것이다.

현재 농촌공사에서 농지은행을 운영하면서 부분적으로 이러한 사업을 전개하고 있는데 이 제도는 농지공유제를 확립하는 의미 있는 단초가 될 수 있다. 현재 농촌공사가 농지은행을 통해 전개하고 있는 사업들을 열거하면 다음과 같다.

- 이농 · 탈농하는 농업인의 소유 농지를 매입하여 은퇴 및 전업 지원
- 소규모 농업법인 및 농업인에게도 농지은행을 통해 농지 임대
- 부채 등 경영 압박 농가 등의 소유 농지를 매입하여 경영 회생 지원
- 매입한 농지를 매도 농가에 장기간 임대하고, 환매권을 보장

이러한 제도를 잘 보완하고 발전시키면 농지공유제를 확대하고 정착시키는 데 크게 기여할 것이다. 그럼으로써 궁극적

으로 농업 생산 기반을 안정시키고 농민의 소득을 향상시키며 대안 농업을 추진할 수 있는 보다 유리한 환경을 제공할 수 있을 것이다.

사실 토지의 소유관계가 불안정한 상태에서는 대안 농업을 실천하는 것이 거의 불가능하다고 할 수 있다. 지력 회복을 위해 장기간 농사를 유보하면서 토지를 임대하는 것은 매우 힘들고, 애써 지력을 회복해놓았는데 토지 임대가 거부될 수도 있기 때문이다. 이런 점에서 농지공유제를 통해 토지 소유를 안정시키는 것은 대안 농업 실현의 필수 전제다.

토지 문제 일반의 해결 방안

농민의 농지 소유는 농지를 넘어서는 토지 소유 일반에 나타나는 문제점 때문에 위협받고 있다. 그렇기 때문에 농지 문제 해결은 토지 문제 일반의 해결과 밀접하게 연관을 가질 수밖에 없다. 토지 문제가 어떻게 나타나고 있고 그 해결 방안에 관심을 가져야 하는 이유가 바로 여기에 있다.

토지의 공급은 한정되어 있다. 토지는 간척으로 늘어나는 일부분을 제외하면 사실상 고정불변이다. 그런데 토지 수요가 고정불변이라면 별 문제가 없겠지만 현실은 정반대다. 경제 발전에 따라 택지개발, 공장부지, 도로용지 등 각종 요인이 결합하면서 토지 수요는 폭발적으로 증가하게 된다. 따라서 토지를 소수가 독점한다면 토지 가격은 공급자에 의해 일방적으로 주도된다.

바로 이런 점에서 한국은 토지 가격이 폭등할 수 있는 요소를 고르게 갖추고 있다. 첫째, 한국은 인구에 비해 영토가 매우 부족하다. 둘째, 장기간에 걸친 고도성장으로 토지 수요가 폭증해왔다. 셋째, 토지가 극소수에게 독점되어 있다. 2004년 현재 상위 1퍼센트가 전체 개인 소유 토지의 절반 이상을 소유하고 있으며 토지 소유자의 상위 5퍼센트 정도가 전체 토지 소유의 82.7퍼센트를 차지하고 있는 실정이다. 토지 소유의 불균형이 생각 이상으로 심각하다.

이러한 요인들이 작용한 결과 한국의 토지 가격은 무서운 속도로 상승해왔다. 1963~2004년까지 주요 도시의 땅값은 무려 780배, 서울 땅값은 954배로 뛰어올랐다. 반면 이 기간 동안 소비자물가는 38배 오르는 데 그쳤다. 서울의 경우 소비자물가와 땅값이 무려 25배 정도 차이가 나는 것이다. 이는 1963년에 서울 땅을 사둔 사람은 가만히 앉아서 25배나 넘는 순이익을 거두었음을 의미한다.

이 같은 토지 가격의 고공비행은 한국의 땅값을 엄청나게 부풀렸다. 2000년 이후 현실화율을 감안한 공시지가 총액은 대체로 약 2300조 원대로 추산된다. 2300조 원은 국내총생산액GDP 778조 원의 약 3배, 총예금 540조 원과 총대출금 565조 원의 약 4배, 상장주식 총액 412조 원의 약 6배, 상장채권 총잔액 661조 원의 약 3.5배에 해당되어 다른 지수에 비해 땅값이 지나치게 높다는 사실을 알 수 있다.

다른 나라와 비교하면 한국 땅값은 총액으로 따져 세계 3위 수준으로 한국 땅을 전부 팔면 면적이 한국의 100배가 넘는 캐나다를 6번 살 수 있고, 프랑스를 8번 살 수 있으며, 미국 땅도 절반을 살 수 있다는 결론이 나온다.

소수의 독점에 따른 땅값의 비정상적인 상승은 곳곳에서 심각한 문제를 야기해왔다. 그 가운데 대표적인 현상을 꼽으면 다음과 같다.

첫째, 사회적 불평등을 심화시키는 결정적 요소가 되어왔다.

이러한 토지 소유의 불평등은 한국 사회 소득 불균형을 낳는 결정적 요소가 되고 있다. 통상적인 수입에서는 큰 차이가 없다 해도 부동산 소유에서 그 차이가 결정적으로 벌어지고 있다. 고도 자본주의 사회라는 한국은 여전히 토지의 소유관계가 부의 분배를 가르는 결정적 기준이 되고 있다. 토지 문제의 해결 없이는 그 어떤 소득재분배 노력도 제대로 된 성과를 낼 수 없음을 알 수 있다.

둘째, 자금이 생산적 방면으로 흐르는 것을 차단시켜 왔다.

수십 년 간에 걸친 고도성장 속에서 부의 불균등 분배가 지속된 결과 방대한 규모의 잉여자금이 형성되었다. 2007년 현재 시중 유동자금은 대략 500조 원이 넘을 것으로 추정되고 있다. 그러나 다른 한편에서는 중소기업처럼 자금 부족 때문에 심각한 고통을 겪고 있는 경우가 허다하다. 부동산 투기 등을 통해 보다 높은 수익률을 기대할 수 있기 때문에 자금이 생산적 방면으로 흐르지 않는 것이다.

셋째, 국가 경쟁력에 치명적 요소로 작용해왔다.

지속적인 땅 투기에 의한 토지 가격 폭등은 한국 경제 경쟁력의 발목을 잡는 요인이 되고 말았다. 경쟁국에 비해 턱도 없이 비싼 부지 가격과 임대료는 경쟁력 약화를 초래하는 결정적 요소가 되고 있다. 국내에서 빠져나가고 있는 기업들의 상당수가 임대료 상승을 주된 요인으로 꼽을 정도다.

넷째, 거품 형성 때문에 경제의 불안정성을 고조시키고 있다.

한국의 땅값이 지나치게 고평가되어 있는 것은 두 말할 나위없다. 땅값 자체가 엄청난 거품 위에 떠 있는 셈이다. 만약 이런 거품이 빠지기 시작하면 걷잡을 수 없는 사태가 벌어질 것이다. 투자 원금을 날리게 된 개인투자자들은 물론이고 부동산을 담보로 대출했던 은행들까지 파산 위협에 직면하게 될 것이다. 그렇게 되면 엄청난 자금이 투자처를 찾지 못한 채 배회하거나 장롱 속에 처박힐 것이다. 돈의 흐름이 급속히 둔화되는 것이다. 과거 일본이 이러한 요인으로 10여 년 간 장기 불황의 늪 속에 빠져들었는데 그 같은 사태가 올 가능성이 충분히 있다. 전반적으로 경제가 극도의 불안정한 상태에 놓여 있는 셈이다.

어느 모로 보나 토지의 독점적 소유에 기초한 땅 투기는 백해무익한 결과만을 낳을 뿐이다. 땅 투기를 뿌리뽑기 위한 근본적인 대책이 절실하다. 땅 투기 근절을 위해서는 크게 세 가지 차원에서 접근할 수 있다.

가장 낮은 수준의 접근법은 세제를 통해 해결하는 것이다. 이미 토지를 보유하고 있거나 양도한 경우 세금을 무겁게 매기는 것이다. 그러나 이러한 해결책은 문제 해결에 별다른 도움이 되지 못한다는 것이 확인되었다. 토지 소유자들이 토지 거래를 전적으로 주도하고 있는 상황에서 조세 부과는 결과적으로 토지 가격 상승만을 초래할 수 있기 때문이다.

가장 높은 수준의 해결은 투기의 원천인 토지의 독점적 소유를 불가능도록 만드는 것, 즉 토지공유제를 도입하는 것이다. 현재 동아시아 국가에서 토지공유제를 유지하고 있는 나라는 북한 말고도 중국과 싱가포르 등이 있다. 싱가포르와 중국이 국제 사회에서 높은 경쟁력을 발휘하는 요인 가운데 하나가 바로 이러한 공유제에 있다. 이는 토지 가격 상승에 따른 과도한 부지매입비나 임대료 상승의 부담이 비교적 적기 때문이다. 한국도 궁극적으로 이러한 방향으로 가야 한다고 본다. 그렇지 않으면 한국 사회의 혁명적 전환이 원천적으로 불가능하다. 다만 거기에 도달하기까지는 상당한 시간이 필요할 것이다.

　그래서 중간 수준의 해결책이 필요하다. 앞서 농지와 마찬가지로 토지의 소유와 사용에 대한 권한을 분리시키는 것이다. 최근 관심을 끌고 있는 반값 아파트는 바로 이러한 맥락에서 제기된 것이라고 본다. 혹은 정반대로 토지의 사적 소유는 인정하되 개발과 사용에 관한 공적 통제를 실현하는 방식이 있을 수 있다. 일정 규모 이상의 토지 개발이나 특정 목적의 개발에 대해서 사적 개발을 금지하고 공영 개발을 의무화하되 점차 그 범위를 확대해 나갈 수 있는 것이다.

　더불어 주택이나 건물에 대해서도 공공재 개념을 적용하는 것이 바람직하다. 공영주택의 경우 사용자가 본인의 주택이나 다름없이 보유하되 매매는 금지하는 제도를 도입할 수 있다. 이와 관련해서는 유사한 제도를 성공적으로 시행해온 싱가포르가 많은 참고가 될 것이다.

새로운 사회로의
패러다임 전환과 농업

농업은 가장 오랜 역사를 간직하고 있는 산업이다. 동시에 미래가치를 가장 풍부하게 간직하고 있는 산업이기도 하다. 그런 점에서 '가장 오래된 미래'라는 표현은 바로 농업에 붙여져야 할 것이다. 우리는 농업 속에서 새로운 사회의 패러다임을 찾아낼 수 있다. 더불어 농업을 통해 새로운 사회로의 이행을 촉진시킬 수 있다. 농사를 짓는 행위 자체가 낡은 사회를 쟁기질하면서 새로운 사회를 일구는 과정이 되는 것이다.

지역공동체 중심의 복지 모델

권태와 빈곤이 덕지덕지 묻어나는 미국의 한 이주민 아파트 단지. 공터에는 주민들이 함부로 버린 쓰레기와 오물들이 뒤범벅되어 있다. 아파트 주위는 물론 사람들의 표정 어디에도 생기라곤 찾아볼 수 없다. 그러던 그곳에 누구도 생각해본 적이 없는 기적이 일어난다.

한 베트남 소녀가 공터 한 구석에 심어놓은 강낭콩 싹이 사람들의 마음에 잔잔한 파문을 일으킨 것이다. 소녀가 심어놓은 가녀린 콩 줄기가 행여 말라죽지나 않을까 조바심을 내던 사람들은 급기야 자기만의 텃밭을 일구기 시작한다. 흉물처럼 쌓여 있던 쓰레기와 오물이 치워지고 그 자리에 다양한 크기와 모양의 텃밭이 속속 들어선다.

일거리가 없어 허구한 날 방구석에 틀어박혀 텔레비전이나 보던 사람들과 을씨년스런 길거리가 싫어 외출을 삼가던 노약자들, 놀이터가 없어 컴퓨터 방으로 몰려다니던 아이들, 고된 노동으로 하루 일과를 마치고 돌아와 식구들에게 지청구부터 늘어놓던 가장들, 식품점에 갈 때마다 감자 한 알을 가지고 수없이 들었다 놓았다를 반복하는 외국인 노동자들, 아이들을 학교에 보내놓고 하릴없이 모여서 남 흉보기에 골몰하던 주부들이 팔을 걷어붙이고 나섰다. 누가 더 풍성하고 예쁜 텃밭을 만드나 시합이 벌어진 것이다.

매일같이 급하게 출근하다 보니 전에는 서로 마주쳐도 인사를 하는 둥 마는 둥했던 사람들이 자기가 심어놓은 채소가 얼마나 잘 자라는지 자랑하느라, 옆집 농사의 비결을 정탐하

느라 먼저 말을 걸기에 바빴다. 이렇게 몇 계절을 거치는 동안 어느덧 그곳은 불결함과 무기력 대신 생명과 사랑이 흘러넘치는 '녹색 아파트 공동체'로 변해갔다.

폴 플라이쉬만Paul Fleischman이 쓴 《작은 씨앗을 심는 사람들Seedfolks》이란 책에 나오는 이야기다. 도시농업이 공동체를 회복하는 데 어떻게 기여하는지를 훌륭하게 묘사하고 있다 .

뉴욕시의 공동주택 사례는 이 이야기가 단순히 소설이 아니라 현실 속에서 충분히 실현될 수 있음을 입증한다. 뉴욕시 주택당국은 1962년부터 공동주택 정원 콘테스트를 실시해왔는데 그 성과는 애초의 기대를 넘어서는 것이었다. 시 당국은 콘테스트 참가 희망자들에게 주택 주변의 작은 땅과 약간의 자금을 지원해주면서 거주자들이 함께 정원을 가꾸도록 했다. 공동주택 거주자들이 함께 정원을 기획하고 식물을 재배하면서 상호간에 긴밀한 교감이 이루어졌고 시간이 흐르면서 공동체적 관계가 성숙되었다.

충분하지는 않지만 우리나라에도 도시농업이 지역공동체를 부활시키는 효과적인 촉매제가 될 수 있음을 보여주는 사례가 곳곳에서 발견되고 있다. 가까운 주말농장에 모여 어울리는 것으로만 만족했던 삭막한 도시 한가운데 훈풍이 불고 있다. 상상력을 발동한다면 더 많은 장면들이 떠오를 것이다. 동네 노인들이 유기농으로 지은 야채를 같은 동네 학교 어린이들의 급식용으로 제공한다면 그 자체로 아름다운 공동체 형성의 씨앗이 될 것이다.

우리 지역 공동체 부활은 20세기를 넘어서는 21세기형의 새로운 사회복지 모델을 창조하는 중요한 출발점이 된다.

20세기 복지국가의 전형은 철저한 국가주도형 사회복지 모델이었다. 국가가 국민의 생활을 전적으로 책임지고 국민은 국가에 전적으로 의존하는 관계였다. 이는 사회주의 국가든 북유럽의 사회민주주의 모델이든 본질적으로 차이가 없었다. 그러나 이러한 국가주도형 복지 모델은 다음과 같은 이유 때문에 효력을 상실해가고 있다.

먼저 나날이 늘어나는 수요를 국가 재정으로 감당하는 것이 불가능해지고 있다. 설령 각종 보험과 연기금을 포함한다 해도 상황은 크게 달라지지 않을 것이다. 스웨덴 등 대표적인 복지국가는 GNP에서 조세가 차지하는 비중이 50퍼센트 수준이었는데 그 이상 조세 비중을 높이는 것은 쉽지 않다. 특히 한국의 경우는 조세 저항이 강하기 때문에 더욱 어렵다.

또한 사회발전에 따라 다양해지고 복잡해지는 복지 요구에 국가가 일일이 응하는 것은 불가능에 가깝다. 비록 맞춤형 복지가 제기되고 있기는 하지만 모든 것을 충족시킬 수는 없다. 항상 복지 사각지대가 발생할 수밖에 없으며 현실의 요구와 부합되지 않는 관료적 처방이 발생할 수 있다.

이와 함께 국가에 일방적으로 의존하는 관계는 의존적 체질을 형성하여 사회를 무기력 상태에 빠뜨렸다. 개인의 자발

성과 책임성을 기초로 사회적 연대성을 고취하는 데 많은 부작용을 발생시켜 온 것이다. 이 점은 복지국가가 직면한 가장 큰 문제 가운데 하나다.

이러한 국가주도형 사회복지 모델을 전면적으로 비판하면서 정반대의 극단적 처방을 내놓은 것이 바로 바로 시장주의 모델이다. 시장주의는 개인의 책임과 기회의 평등을 강조하면서 일견 사회적 무기력증을 해소하는 데 성공하는 듯이 보였다. 그러나 사회적 연대의 경시로 사회적 양극화만을 심화시키면서 시장이 더 이상 삶의 질을 개선하는 기능을 할 수 없도록 만들었다. 즉 시장 실패로 귀결되고 만 것이다.

국가주도 복지 모델과 시장주의 복지 모델 모두가 부적격 판정을 받으면서 대안으로 등장하고 있는 것이 지역공동체(영어권에서는 community로 표현하고 있음) 중심 복지 모델이다. 지역공동체 중심의 복지 모델은 지역공동체가 자체 힘으로 복지를 해결할 능력을 키워간다는 전제 위에서 국가의 지원이 결합되는 형태다. 이러한 지역공동체 중심의 복지 모델은 종전 국가주도의 복지 모델과 비교해볼 때 다음과 같은 차이점을 갖는다.

지역공동체 중심의 복지 모델이 갖는 결정적 차이점은 복지는 재정이든 기금이든 돈에만 의존하지 않는다는 것이다. 지역공동체 중심 복지 모델은 자원봉사에 따른 해결을 강조하며 물질적 지원 못지않게 공동체적 인간관계 회복을 통한 삶의 질 향상을 중시한다. 그럼으로써 최소의 비용으로 최고의 복지를 지향한다.

지역공동체 중심 복지 모델에서 나타나는 또 하나의 특징은 구성원이 복지의 대상이자 동시에 주체라는 사실이다. 이 점은 국민을 복지의 대상으로만 사고했던 기존 국가주도의 복지 모델과 뚜렷이 구분된다. 앞서 언급했듯이 복지의 주요 대상인 노인들도 지역공동체 안에서 복지 시스템을 움직이는 주역이 될 것이다. 잠시 뒤에 살펴보겠지만 노인들은 의료와 교육 등 복지 분야에서 매우 의미 있는 역할을 수행할 수 있다.

또한 지역공동체 중심 복지 모델은 정부 기구보다는 비정부 혹은 비영리 조직의 활동이 일차적으로 중요하다. 비정부·비영리 조직의 활동은 나날이 다양해지고 복잡해지는 주민의 복지 요구를 상호 협력을 통해 자율적이면서도 기동성 있게 해결하는 데 매우 유리한 것으로 나타났다. 이러한 해결 능력이 축적될수록 공동체는 더욱 풍부하고 역동적으로 발전하면서 기존 복지 모델이 갖는 무기력증을 원천적으로 극복할 수 있다.

이러한 맥락에서 지역공동체 건설은 새로운 사회 건설에서 매우 중요한 한 축을 형성한다. 지역공동체는 시민사회단체를 중심으로 아래로부터의 자발성을 기초로 하여 건설되어야 한다. 여기에는 수많은 계기가 있을 수 있는데 그 중에서 도시농업은 매우 의미 있는 역할을 할 수 있다. 현재 빠르게 확산되고 있는 도시 지역에서의 생활협동조합운동(생협운동)을 예로 들어보자.

생협운동은 보편적으로 도시에서의 공동체 복원을 목표로 하고 있다. 그러나 안전한 먹을거리 공급을 위주로 하는 소비자운동을 크게 넘어서지 못하고 있는 실정이다. 소비는 수동적이고 개인적이다. 오직 생산적 활동만이 능동적이고 협동적 자세를 갖도록 한다. 이런 점에서 도시농업을 중심으로 생협운동을 재설계하는 것이 필요하다. 도시에서 함께 농사를 짓고 이를 나누는 과정에서 명실상부한 지역생활공동체가 만들어질 수 있는 것이다.

축복받는 장수 사회

오늘날 한국 사회에서 농업은 기묘하게도 노인 문제와 깊은 연관을 맺고 있다. 그것과 농촌과 도시가 극단적으로 대비되면서 다가오고 있다. 농촌의 노인들은 과중한 농사일로 고통 받고 있다. 팔순 노인이 되어서도 젊을 때와 별다른 차이 없이 힘든 농사일을 이어가고 있다. 사회 전체가 어떻게 하면 농촌 노인들의 어깨 위에 놓인 무거운 짐을 덜어줄 수 있을지를 고민해야 할 때다. 그렇다면 도시의 사정은 어떠한가. 결론부터 이야기하면 도시의 노인들에게는 농사지을 수 있는 기회를 안겨주는 것이 절실하다.

도시농업을 이야기할 때 많은 사람들이 품는 수많은 의문 가운데 하나는 과연 누가 도시에서 농사를 지을 것이냐다. 아프리카나 아시아의 저개발 국가들의 경우 많은 실업자들이 생계 수단으로 도시농업을 선택했다. 도시농업으로 유명한 샌프란시스코 역시 실업자들이 도시농업을 개척했다고 볼 수 있다.

그렇다면 한국의 경우는 어떠한가. 현재 많은 직장인들이 주말농장 형태로 나름대로 도시농업에 참여하고 있다. 그러나 이들이 도시농업에서 더 많은 역할을 하기를 기대하는 것은 무리다. 실업자들의 생계 수단으로의 가능성은 충분히 있으나 여건이 성숙되기까지는 상당한 시일이 소요될 것이다. 따라서 가장 쉽게 떠올릴 수 있는 사람들이 바로 노인이다.

60세 이상 도시 거주 노인들 다수는 농촌 출신으로 농사 경험이 있다. 이들에게 농사는 노동강도만 적절하게 조절하면 가장 적합한 사회 활동이 될 수 있다. 건강과 정서함양, 사회적 공헌 등 노인들이 안고 있는 숙제를 상당 정도 해결할 수 있다. 또한 많든 적든 경제적 자립에도 보탬이 될 수 있을 것이다. 중요한 것은 노인들이 농업의 주체가 됨으로써 노인 복지의 새로운 패러다임을 마련할 수 있다.

초고령 사회의 숙제

현재 한국 사회 최대 이슈 가운데 하나는 머지않아 다가올 초고령 사회다. 한국 사회는 2000년 60세 이상 고령인구가 7.2퍼센트를 넘어섬으로써 고령 사회로 진입했다. 대략 2026년을 지나면 고령인구가 20퍼센트를 넘어서는 초고령 사회로 진입할 것으로 예상하고 있다. 아울러 2050년경에는 60세 이상 인구가 무려 38.2퍼센트에 이를 것으로 추정된다.

평균수명은 연장되는데 출산율은 세계에서 가장 낮은 수준으로 떨어진 결과다. 소수의 경제 활동 인구가 다수의 노령층을 부양해야 하는 힘겨운 상황이 시시각각 다가오고 있다.

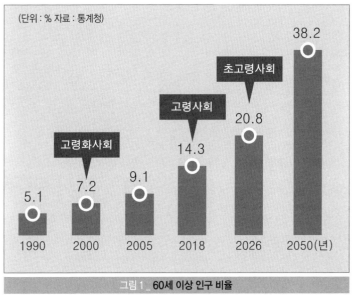

(단위 : % 자료 : 통계청)

38.2

초고령사회

고령사회

20.8

14.3

고령화사회

9.1

5.1   7.2

1990 2000 2005 2018 2026 2050(년)

그림 1 _ 60세 이상 인구 비율

*출처 : 경향신문 2006. 12. 5 '진보의 10대의제 : 고령화 저출산'

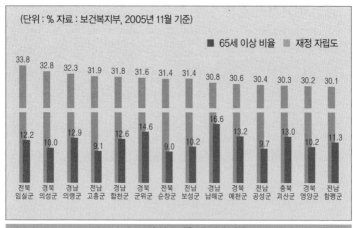

(단위 : % 자료 : 보건복지부, 2005년 11월 기준)

■ 65세 이상 비율 ■ 재정 자립도

	전북 임실군	경북 의성군	경남 의령군	전남 고흥군	경남 합천군	경북 군위군	전북 순창군	전남 보성군	경남 남해군	경북 예천군	전남 곡성군	충북 괴산군	경북 영양군	전남 함평군
재정 자립도	33.8	32.8	32.3	31.9	31.8	31.6	31.4	31.4	30.8	30.6	30.4	30.3	30.2	30.1
65세 이상 비율	12.2	10.0	12.9	9.1	12.6	14.6	9.0	10.2	16.6	13.2	9.7	13.0	10.2	11.3

그림 2_ 노인 인구 비율 및 재정 자립도

＊출처 : 경향신문 2006. 12. 5 '진보의 10대의제 : 고령화 저출산'

초고령 사회에 들어서면서 노령층과 비노령층 모두 심리적 압박이 커지고 있다. 부양 능력이 있는 비노령층 입장에서는 저 많은 노인들을 자신의 손으로 부양해야 한다고 생각하면 그저 암담하기만 하다. 반대로 노령층은 오래 사는 것이 무슨 죄라도 짓는 것 같은 심리적 압박을 받을 수밖에 없다. 평균수명 연장이 축복이 아니라 재앙으로 다가오고 있는 것이다.

이러한 불길한 조짐은 이미 국민연금 문제로 불거지고 있다. 머지않은 장래에 국민연금이 바닥날 수 있을 것이라는 심상치 않은 경고가 쏟아져 나오고 있다. 이러한 국민연금 문제에 갖가지 해법이 제시되고 있지만 그 어느 누구도 속 시원한 답을 내놓지 못하고 있다.

그렇다면 이 문제의 본질은 무엇인가. 국민연금은 노령층이 스스로를 부양할 능력이 없는 경우 연금을 지급하도록 되어 있다. 만약 한 달 수입이 30만 원 이상이라면 연금지급 대상자에서 제외된다. 연금을 지급받기 위해서는 생산 활동을 포기해야 한다는 기묘한 결론에 도달한다. 문제의 핵심은 바로 여기에 있다.

현재 우리나라 노인들은 뚜렷한 사회 활동 없이 시간을 허비하고 있다. 다음은 고령화 사회의 세태를 묘사하고 있는 어느 신문 기사의 일부다.

노인들은 낡은 경로당과 함께 늙어가고 있었다. 이런 경로당은 크고 작은 사설까지 포함해 전국에 5만여 개가 있는 것으로 추정된다. 노인은 5명. 동그랗게 둘러앉았다. 누구는 벽에 등을 기대고 다리를 쭉 펴고 앉아있다. 다른 이는 목침을 베고 누워 대화를 듣는 둥 마는 둥 하릴없는 잠을 청한다.

윤모 씨(78). "뭐 일이 있어. 그냥 이렇게 얘기하고 있는 거지" 하면서 담배에 불을 붙인다. 담배를 맛나게 피우고는 방바닥에 도로 눕는다. 정모 씨(69). "뭐 텔레비전도 보고 얘기도 하고, 그러는 거지. 교통수당이 1만 2000원 나오는데, 뭐 그것 가지고는 아무것도 못해." 하루 일과를 물었다. "일과는 무슨, 그냥 이렇게 있는 거지." 퉁명스러운 답이 돌아온다. 노인들은 이렇게 경로당에서 특별히 할 일이 없다. 그래도 경로당에 나온다. 경로당에 나오는 것, 그것이 바로 특별한 일이다.

그나마 경로당에 가는 노인들은 여유가 있는 축에 속한다. 일부 경로당은 회비가 있을 뿐더러 술 먹고, 화투 치면서 어울리려면 돈이 필요하기 때문이다. 서울 노량진에 사는 권모 씨(70)는 일주일에 서너 번 종묘공원을 찾는다. 점심 먹고 집을 나온다. 지하철을 무료로 타고 오기 때문에 교통비는 따로 안 든다. 오후 1시쯤 도착해 대개 해가 뉘엿뉘엿질 때까지 있다. 별달리 할 일은 없다. 안면 있는 노인들과 장기를 두거나 얘기를 나누는 정도. 그래도 집 나와 바람 쐬면 그나마 답답한 마음은 덜하다.

권 씨는 건설현장에서 미장일을 하면서 자식을 키웠다. 덜 먹고 덜 입고, 노후 대비용으로 3000만 원 정도 마련했다. 그러나 보름 전 당뇨병으로 세상을 먼저 등진 부인의 5년 병수발에 다 날렸다. 아들 내외와 함께 살지만 편치 않다. 맞벌이하랴 애들 키우랴 바쁘다. 자식들 벌이가 변변치 않아 권 씨는 용돈 받기도 어렵다. 권 씨는 "이렇게 오래 사는 세상이 올 줄 몰랐다"고 말했다.

＊출처: 경향신문 2006. 12. 5

이 모든 현상은 본인들 의사나 능력과는 전혀 무관한 것이다. 그것은 '오륙도' '사오정'이라는 말 속에서 드러나듯이 조기 정년퇴직을 강요하는 사회구조적인 결과일 수도 있다. 아무튼 충분히 일할 수 있고 또 일하기 원하는 노인들을 강제로 앉혀놓고 밥을 떠먹이고 있는 참으로 우스꽝스런 모습이 펼쳐지고 있는 것이다. 국민연금은 바로 이러한 잘못된 전제 위에서 설계된 만큼 처음부터 문제가 발생할 수밖에 없었다.

노인을 부양 대상으로만 사고하는 것은 노인의 삶의 질과 관련해서도 매우 심각한 문제를 안고 있다. 사람은 먹고 자는 문제만 해결된다고 해서 절대 모든 것이 해결되지 않는다. 이 점에서 사람은 다른 동물들과 확연한 차이가 있다. 사람은 생산적 활동과 사회적 공헌을 통해서만 진정한 의미에서 보람과 기쁨을 느낄 수 있다.

노인 역시 마찬가지다. 앞으로 우리가 지향해야 할 21세기 형 노인 복지는 노인들이 풍부한 삶의 경험을 바탕으로 보다 생산적인 역할을 할 수 있도록 하고 사회는 그 대가로 노인의 생계를 보장하는 형태가 되어야 한다. 흥미롭게도 우리는 오랫동안 기억 속에서 지워버렸던 전통사회 속에서 이러한 사고의 단초를 발견할 수 있다.

향약 공동체에서 답을 찾다

전통적인 농업은 가족농간의 긴밀한 협력을 전제로 하지 않으면 유지될 수 없었다. 모내기 등 노동력이 집중적으로 요구될 때는 부락 단위 공동노동이 필요했고 수자원과 삼림 등은 공동으로 관리하지 않으면 안 되었다. 예로부터 두레 등 노동공동체가 만들어진 것은 그러한 요구에 따랐기 때문이다.

이러한 맥락에서 오래 전부터 농업생산 활동을 원만하게 보장하면서 포괄적으로 사회복지를 해결하는 것을 목표로 하여 지역공동체를 발전시키기 위한 노력이 꾸준히 기울여져왔다. 조선시대에 와서 그러한 노력은 향약 공동체로 꽃피우게 되었다.

지역자치공동체로서 향약은 세계 역사에 그 유례를 찾아보기 힘들 정도로 정연한 체계를 갖추고 있었다. 향약은 봉건지배 체제 아래 놓여 있었다는 근본적인 한계에도 불구하고 구성원 모두가 동등한 권한을 갖고 발언하고 대표자를 선출했다는 점에서 매우 평등하고 민주적인 공동체로 평가받고 있다. 이러한 향약 공동체의 이념이 되었던 것은 대동사회 구현이었다. 중국 고전《예기禮記》에는 대동사회를 다음과 같이 정의하고 있다.

대도가 행해지면 천하에는 공의가 구현된다. 현자를 (지도자로) 뽑고 능력 있는 사람에게 (관직을) 수여하며 신의와 화목을 가르친다. 그러므로 사람들은 자신의 어버이만 어버이로 여기지 않고 자기 자식만 자식으로 여기지 않는다. 노인으로 하여금 (편안한) 여생을 보내게 하며 장년은 일할 여건이 보장되며 어린이는 길러주는 사람이 있으며 (의지할 곳이 없는) 과부와 홀아비를 돌보며 병든 자도 모두 부양받는다. 남자는 남자의 일이 있고 여자는 여자의 일이 있다.
재화가 땅에 떨어지는 것을 꺼려하지만 반드시 (사적으로) 저장할 필요가 없다. 스스로 노동하는 것을 싫어하지 않지만 자기만을 위해서도 일하지 않는다. 그러므로 (남을 해치려는) 음모가 생기지 않으며 도적이나 난적이 발생하지 않는다. 따라서 (집집마다) 바깥문을 닫을 필요가 없다. 이런 상태를 대동이라 한다.

이러한 대동사회 이념은 향약의 덕업상권德業相勸, 과실상규過失相規, 예속상교禮俗相交, 환난상휼患難相恤 등의 자치 규약으로 구체화되었고 다양한 실천 강령을 낳게 되었다. 이 가운데 오늘날 지역 사회복지의 원형이라고 할 수 있는 환난상휼은 공동체 성원들이 철저하게 무보수 원칙에 입각해서 어려움을 함께 나누는 것을 지향했다. 그럼으로써 공동체 구성원들은 매우 끈끈한 인간적 유대감을 형성하게 되었는데, 이는 푸근한 시골 인심의 원천이기도 했다.

향약 자치공동체에서 기본 단위가 되었던 것은 대가족이었으며, 이를 기초로 리더십을 발휘했던 집단은 바로 노인들이었다. 노인들은 대가족 단위로 보육과 교육, 건강 관리 등을 책임졌으며 협동노동을 지휘감독하고 관혼상제 등 공동체 문화를 주관했다. 공동체 질서를 유지하기 위해 도덕률을 확립하는 것 또한 노인들의 몫이었다.

이런 점에서 노인들은 결코 가만히 앉아서 받아먹기만 하는, 단순한 부양 대상이 아니었다. 그들은 엄밀히 말해 공동체를 이끌어가는 지도집단이었다. 노인들의 한마디가 곧 법이고 명령인 사회였던 것이다. 경로사상이 특별히 강조되었던 것은 그러한 공동체의 지도력 확립과 불가분의 관계에 있었다고 할 수 있다.

이러한 향약 공동체의 운영원리는 초고령 사회로 진입하고 있는 한국 사회에 새로운 시사점을 던져주고 있다. 그것은 곧 노인들이 관장하는 지역공동체를 건설함으로써 갖가지 사회복지 기능을 수행하는 것이다. 이를 통해 재앙으로서의 초고령 사회가 아닌 축복으로서의 장수 사회를 건설할 수 있다. 바로 여기서 도시농업은 매우 의미 있는 촉매제 구실을 하게 된다. 그동안 복지 사회의 대표적인 징표로 간주되어온 무상의료, 무상교육 역시 이 과정을 통해 보다 용이하게 실현될 수 있다.

건강 사회의 지름길

무상의료는 주로 대부분의 기업이 국가 소유였던 전통적인 사회주의 국가에서 선보였다. GNP 가운데 조세가 차지하는 비중이 절반 정도에 이르렀던 북유럽 사회민주주의 나라도 완벽하게 실현하지 못했던 정책이다.

그렇기 때문에 무상의료는 그 실현 가능성에 대해 끊임없이 의문이 제기될 수밖에 없었다. 사실 무상의료를 실현하기 위해서는 막대한 재원이 소요되며, 이를 국가 재정으로 충당한다는 것은 말처럼 쉬운 일이 아니다. 그럼에도 불구하고 진보진영은 재원조달 방안을 뚜렷이 제시하지 못한 채 국가가 책임지라는 말만 반복하고 있는 실정이다. 오직 교육과 의료에 투입되는 사회적 비용을 대폭 절감할 때 해결의 실마리를 마련할 수 있다. 의료에서의 과잉 지출을 해소하는 것이 문제 해결의 첫걸음이다.

이러한 맥락에서 무상의료는 사고 틀을 바꿀 때 실현이 가능해진다. 즉 전문 의료기관에 의존하는 치료 중심에서 벗어나 예방의학, 생활의학, 자연요법 등을 통해 질병의 발생 가능성을 최소화하는 방향으로 가야 하는 것이다. 바로 이 점에서 도시농업은 탁월하게 그 역할을 수행할 수 있다.

도시농업은 생산 활동을 통해 자연과 함께 스트레스를 풀고 건강한 체력과 정신을 유지할 수 있도록 해준다. 또한 안전한 먹을거리를 자신의 손으로 직접 재배하여 먹음으로써 보다 건강한 삶을 누릴 수 있도록 해준다. 동시에 원예치료를 통해 자가치료 능력을 키워주면서 다양한 녹색약재를 제공한다.

원예치료는 오늘날 상당히 주목받고 있는 치료 방식 가운데 하나인데 치료사에 의해 계획된 식물과 정원활동을 매개로 몸과 마음 상태를 개선하는 것이다. 그 효과는 근육 활동을 활성화하는 것에서부터 자신감 회복 등 정신과적 치료에 이르기까지 매우 폭넓다. 다음은 우리 주변에서 흔히 볼 수 있는 사례인데 원예치료의 효과를 구체적으로 확인시켜준다.

하정혜 주부는 농촌진흥청이 주최한 공기정화 식물을 이용한 새집증후군 예방 도시민 가정원예 콘테스트 테라리움 분야에 참여해서 금상을 수상했다.

응용미술을 전공한 하정혜 주부가 가정원예에 관심을 갖기 시작한 지는 불과 7개월 남짓. 현재 거주하는 고척동 아파트로 이사온 후부터 실내공간 활용에 관심을 갖기 시작했고 그렇게 우연히 접한 것이 가정원예였다. 하 씨가 집에서 식물을 키운 이후 가장 피부에 와닿은 것은 실내 공기의 변화였다. 집에 공기청정기나 가습기가 없어도 습도가 조절되고 공기가 맑아진 것을 몸으로 느낄 수 있을 정도다.

"저는 심한 건성피부였는데 최근에는 적당한 수분이 있는 중성피부라는 진단을 받았어요."

게다가 하 씨의 남편도 겨울이면 잔기침으로 고생했는데 지난 겨울은 그런 증세 없이 지나가 실내 공기의 중요성을 새삼 확인했다. 그는 주부들이 조금만 신경 쓰면 실내 공기 정화는 물론 인테리어 효과까지 거둘 수 있다고 거듭 강조하였다. 또 화초를 키우다보면 주부들도 집중할 대상이 생겨 우울증이나 갱년기 극복에도 도움이 된다며 화초를 키우면 좋은 점이 한두 가지가 아니라고 이야기한다.

* 출처 : 하이서울뉴스(2005.4.21)

이러한 원예치료는 적절한 프로그램을 개발한다면 도시농업에 두루 적용할 수 있을 것이다. 그리하여 도시농업은 사람들의 건강을 돌보는 둘도 없는 좋은 활동으로 자리잡을 수 있다.

녹색 약재와 관련해서 풍부한 경험을 축적하고 있는 나라

표 2 _ 원예치료 프로그램을 통해 얻을 수 있는 효과

측면	효과	고려할 점
인지적 측면	-농업에 대한 새로운 기술의 습득 -어휘력과 의사소통 기술의 향상 -자연을 소재로 한 인지적 발달 자극 -호기심 자극 -이해력과 관찰력의 증가 -직업 훈련으로 연계 가능 -오감 자극을 통한 인지적 기능 향상	-증상에 따른 효율적인 프로그램의 선택과 관리
사회적 측면	-식물, 정원활동을 주제로 한 대화의 기회 제공 -그룹 활동 참여 촉진 -공동 작업으로 상호작용과 책임 공유 및 지도력 개발 -새로운 사회적 관계 형성 자극 -치료 그룹과 외부 그룹 연계로 사회적 성장 자극	-집단 내외의 갈등 요인
정서적 측면	-과제 완성을 통한 긍지와 성취감, 자신감과 자기 존중감 향상과 자아개념 형성 자극 -공격 성향을 사회에서 용인하는 수준으로 경감시킬 수 있는 기회 제공 -씨앗 발아에서 꽃을 피우고 열매를 맺는 과정에서 미래에 대한 흥미와 의욕을 촉진시키는 활동 -자기표현으로 창조 성향에 대한 만족의 기회 제공	-비교와 인정에 대한 요구와 갈등
신체적 측면	-기본적인 운동근육 기능의 발달 및 향상 -정원뿐 아니라 조경관리 등 야외활동의 증가 -기초운동 기술의 발달을 도와주고 실외운동 연습 기회 제공	-도구와 환경과 관련된 신체적 위험 요인의 발생 -식물 알레르기 등의 개인 병력 고려

＊출처 : 《자연과의 만남으로 나와 세상을 치유하는 도시농업》(오대민 · 최영애 공저, 학지사, 2006, 200쪽)

로는 쿠바를 꼽을 수 있다. 쿠바는 소련 붕괴와 미국의 경제 봉쇄에서 비롯된 경제 위기로 의약품 공급에서 심각한 곤란을 겪게 되었다. 이러한 상황에서 풍부한 경험을 지닌 고령자들을 중심으로 녹색약재를 증산하고 이를 이용하여 가정에서 직접 치료하는 일이 급속히 늘어났다.

가령 어린이들의 기침을 멈추게 하는 데는 프렌치 오레가노가, 신경을 안정시키기 위해서 차일로가 사용되었다. 또한 수면제 대용으로 보리수 잎사귀를 달여 즙을 내어 먹었고, 심한 편두통으로 고통 받는 경우에는 상록수 추출물로 치료했다. 중병과 난치병은 힘들더라도 감기, 설사, 두통 등 일상적인 질환의 대부분은 이런 방식으로 치료할 수 있는 것으로 확인되고 있다. 보다 의미심장한 것은 녹색약재는 화학약재의 약점인 후유증으로부터 자유롭다는 점이다. 치료비 절감 효과가 있는 것은 물론이다.

도시농업을 매개로 한 각종 의료 행위는 쿠바의 예에서 드러나듯이 삶의 경험이 풍부할수록 유리하다. 그 점에서 노인들의 역할을 적극적으로 높이는 방안이 마련되어야 한다. 만약 공공기관에서 노인들을 체계적으로 교육시켜 전문성을 발휘할 수 있도록 한다면 그 효과는 한결 클 것이다.

도시농업을 매개로 노인들의 역할이 강화되면서 예방의학, 생활의학, 자연요법이 정착되면 그만큼 치료비는 크게 경감될 것이다. 이러한 조건에서 건강보험 체계를 강화하고 적절

표 3 _ 쿠바에서 활용되고 있는 주요 허브 약품과 그 효용

감기	마늘, 레몬그라스, 유칼리, 민트, 왕질경이, 프렌치 오레가노, 알로에, 세이지, 참피나무
기침	유칼리, 레몬유칼리, 생강, 왕질경이, 프렌치 오레가노
해열	레몬유칼리, 오렌지민트
고혈압	마늘, 바질, 레몬그라스
천식	마늘, 레몬그라스, 유칼리, 알로에
위통	마늘, 딜, 캐모마일, 일본박하, 쓴맛오렌지
목통	레몬그라스
구강염	캐모마일, 왕질경이 등
신경증	자스민, 패션프루트(시계꽃 열매), 헨루더(운향芸香), 참피나무
두통	카레잎, 원추리, 버베나
순환계 질환	마늘, 레몬, 왕질경이, 쓴맛오렌지
소화계 질환	마늘, 바질, 레몬 등
위염	민트, 펜넬, 생강, 캐모마일
구역질	생강
변비	타마린드tamarind
설사	구아바myrtus, 캐모마일, 사고야자sago plam, 오렌지민트
신기능 보강	세이지, 타마린드 등
화상	왕질경이, 알로에
칼에 베이거나 타박상	알로에
귀통증	유칼리
결막염	빙카periwinkle
류마치스	아니스, 고추
이 예방	야생 인디고
기생충	마늘, 카보챠

* 출처 : 《생태도시 아바나의 탄생》(요시다 타로 지음, 안철환 옮김, 들녘, 2004, 139쪽)

한 수준에서 국가의 지원을 결합한다면 무상의료 체계는 충분히 실현할 수 있을 것이다.[13]

이제 노인 문제에 부양 문제만 가지고 접근해서는 안 된다. 아무리 좋은 식사를 대접하고 편안한 잠자리를 제공해도 가만히 앉아서 받아먹는 위치에서 벗어나지 못하는 한 노인들의 삶의 질은 결코 향상될 수 없다. 노령층을 사회적 부양 대상으로만 전제하면 노령층의 삶의 질을 높일 수 없고 부양 자체도 온전히 책임질 수 없다.

유일한 해결책은 노령층을 부양 대상이 아니라 또 다른 생산 활동의 주체로 세우는 것이다. 즉 노령층을 자립적이며 사회 발전에 기여하는 능동적 존재로 만들어야 하는 것이다. 국민연금을 포함한 각종 사회복지기금 역시 이러한 활동을 지원하는 재원으로 개념을 재정립해야 한다.

남은 과제는 농촌의 노인들이다. 전혀 환경이 다르기 때문에 문제에 접근하는 각도 또한 달라야 할 것이다. 그러나 궁극적인 결론 지점은 동일할 수밖에 없다. 한국 농업의 근본적인 해결을 전제로 하는 것이기는 하지만 농촌의 노인들은 생존을 위한 고된 노동에서 하루 빨리 해방되어야 한다. 그럼으로써 도시와 마찬가지로 소일하듯이 농사를 지으면서 지역공동체를 가꾸고 사회복지 시스템을 관장하는 것으로 역할을 재정립해야 한다.

자연과의 교감 회복

인류에게 끔찍한 재앙을 안겨준 대표적 지진을 꼽는다면 아무래도 2004년 12월 26일에 발생한 수마트라 지진을 빼놓을 수 없을 것이다. 수마트라 섬에서 발생한 지진은 리히터 규모 9.0으로 20세기 초부터 지금까지 기록된 지진 중에서 네 번째로 강한 지진이다. 이는 수소폭탄의 폭발보다 거의 열 배가 넘는 에너지를 방출한 것에 해당한다.

이 지진으로 거대한 쓰나미가 발생했고 그로 인해 수마트라 섬과 인도, 스리랑카 동부 일대는 엄청난 피해를 입었다. 총 사망자만도 16만 명 이상에 이르렀고, 30만 명이 넘는 이재민이 발생했으며, 쓰나미에서 구사일생으로 목숨을 건진 사람들마저도 전염병으로 죽어갔다.

태평양 쓰나미 경보 센터에서는 지진 발생과 동시에 이미 쓰나미를 감지하고 있었지만 아쉽게도 인도양 부근에는 쓰나미 소식을 듣고 경보를 발령할 사람이 대기하고 있지 않았다. 해당 장관이 뒤늦게 이 메시지를 전달받았지만 때는 이미 늦었다. 결국 대피령도 내려지기 전에 재앙은 닥쳤다. 크리스마스 휴가를 즐기기 위해 피해 지역을 찾은 세계 여러 나라 사람들도 변을 당했고 인생에서 가장 슬픈 날벼락을 맞았다.

그런데 참으로 기묘한 것은 엄청난 쓰나미가 덮쳐왔음에도 불구하고 동물 사체는 전혀 발견되지 않았다는 점이다. 나중에 안 사실이지만 동물들은 미리 높은 지대로 피해 안전할 수 있었다. 또 하나 놀라운 사실은 피해 지역의 한 곳인 뱅골 만 가까운 곳에서 원시생활을 하는 부족 역시 미리 대피해서 안전할 수 있었다. 결국 자연의 대재앙 앞에서 스스로 문명인이라고 자처한 인간들만 맥없이 희생되고 말았던 것이다.

도대체 어떻게 해서 이런 일이 가능했는가. 이에 대한 과학적 해명은 충분히 이루어지고 있지 않다. 그럼에도 불구하고 분명한 사실이 있다. 자연은 대재앙이 일어나기 전에 반드시 사전에 신호를 보낸다. 동물들과 그 지역 원시 부족은 그 신호를 본능적으로 감지하고 대응했다. 반면 문명인들은 그 신호를 제때에 감지하지 못했다.

그렇다면 이런 차이는 어디에서 오는 것인가. 동물들과 원시 부족은 자연과 긴밀하게 교감하면서 하루하루를 살아나간다. 그렇지 않으면 생존을 보장받을 수 없다. 그러기에 동물들과 원시 부족은 자연의 모든 변화와 그 속에서 전달되는 메시지에 민감하게 반응한다. 반면 문명인들은 자연과의 교감을 상실한 채 인공적 세계 속에서 살아가고 있다. 그 결과 자연의 변화에 둔감하고 미세한 자연의 메시지는 아예 지각하지도 못한다.

2004년 12월의 동남아 쓰나미는 인간이 자연과의 교감을 상실했을 경우 얼마나 끔찍한 재앙이 발생하는지를 상징적으로 보여줬다. 아울러 그토록 맹신했던 과학기술의 진보가 자연의 거대한 힘 앞에서 얼마나 무기력할 수 있는지를 확인시켜주었다.

이러한 맥락에서 21세기를 살아가는 인간에게 가장 절실한 것은 자연과의 교감을 회복하는 것이라고 할 수 있다. 농업은 바로 이러한 자연과의 교감을 회복할 수 있는 최상의 활동이다. 따라서 농업은 누구나 참여해야 하는 보편적인 활동이 되어야 한다. 거대한 인공 구조물인 도시 안에 살면서 자연과 교감하기 쉽지 않은 도시인들에게 이 점은 더욱 절실하다.

본디 농사를 짓는다는 것은 자연과 끊임없이 교감하면서 자연을 관찰하고 자연의 섭리를 깨닫는 과정이다. 농업은 생명체를 키우는 것이며 모든 생명체는 자연환경 전체와의 상호작용을 통해 탄생하고 성장하기 때문이다. 그래서 농부는 해와 달, 바람, 물, 흙 등 자연을 구성하고 있는 모든 요소에 깊은 관심을 가질 수밖에 없다. 또한 바람의 방향, 물의 흐름, 온도와 습도 등 모든 자연변화에 민감하게 반응하게 된다. 동시에 누구보다도 생명의 위대한 힘을 깊이 자각하고 있다. 농부의 눈에 비친 생명은 자연환경에 규정되는 피동적 존재가 아니라 환경을 창조하고 조절하는 능동적 존재다. 생명이야말로 '자연의 신'인 것이다.

이런 점에서 농업은 인공 세계에 갇혀 자연환경과 단절된 삶을 살아온 도시인들에게 새로운 사고의 지평을 열어준다.

한 포기 채소를 키우는 과정을 통해 지구 전체를 볼 수 있는 안목이 생기는 것이다.

자라나는 어린이 교육 또한 이러한 방향에서 패러다임을 바꾸어야 한다. 즉 자연과 교감하고 생명친화적인 경험을 가장 중요한 교육 과정으로 할 수 있어야 한다. 여기서 잠시 쿠바 독립의 아버지 호세 마르티의 이야기를 들어보자.

"남녀 어린이들은 대지에 관한 지식을 기르지 않으면 안 된다. 책을 통해 간접적으로 배우는 것만으로는 충분하지 않다. 자연에서 배우는 것만이 실질적이며 풍부하다. 아침에 펜을 들면 오후에는 밭을 갈라."

아주 단순한 실천마저도 교육 효과가 매우 높다는 것이 확인되고 있다. 삭막한 콘크리트 건물들과 흙먼지로 뒤덮인 학교가 녹지로 조성될 경우 학생들의 정서를 순화해 학교 폭력을 예방하는 데 효과가 있다. 일본에서 학교에 녹지가 조성된 경우와 그렇지 못한 경우를 비교해보니 녹지가 조성된 학교에는 폭력 행위나 '왕따'가 더 적게 나타난다는 결과가 보고되기도 했다.

광주의 D중학교에서는 교실을 꽃으로 장식했을 때 한 학기 동안 학교 성적이 올랐으며 남학생들의 폭력 및 사고율이 줄어들었고 교우관계가 개선되는 등의 효과가 있었음이 확인되었다. 또한 군산의 M고등학교에서는 학급 출석률이 저조한 학생들에게 교실 내의 화분을 돌보도록 유도한 결과 식물을 돌보기 위해 출석률이 높아졌으며 인성에 긍정적 영향을 미쳤다. 이러한 맥락에서 세계 각국은 농업이 지니는 교육 효과에 주목하기 시작했다. 그리하여 이를 제도적으로 뒷받침하기 위한 다양한 시도들이 이루지게 되었다.

1995년 미국의 캘리포니아 주의 교육부는 학교 텃밭을 통해 과학, 수학, 국어, 환경, 영양, 건강 등의 과목을 종합적으로 배울 수 있도록 하기 위해 교사, 농업전문가, 영양사들과 함께 텃밭농업 교육 프로그램을 마련했다. 이를 기초로 샌프란시스코 내 115개 학교를 포함하여 주 전체 1000여 개가 넘는 학교에 텃밭이 만들어졌다.

또한 영국의 대표적인 민간단체인 LTL(Learning Through Landscapes)은 3600개 이상의 학교가 참여하는 가운데 농업활동 프로그램을 시행하고 있다. 이와 함께 캐나다의 에버그린재단The Evergreen Foundation은 학교, 정부, 기업, 지역공동체가 참여하는 학교 자연화 프로그램을 진행시켜왔다.

물론 농업 활동을 통한 교육은 학교 안에만 국한시킬 수 없다. 그것은 학교 울타리를 넘어 지역 사회로 확장되어야 한다. 우리는 도시농업을 기초로 노인들을 주축으로 한 다양한 생태 교육 프로그램을 개발할 수 있을 것이다. 노인들이 방과 후 시간에 어린이와 청소년들을 교육하고 책임지게 되면 여러 가지 많은 효과를 거둘 수 있다. 사교육비를 대폭 절감할 수 있을 뿐 아니라 세대 간의 공감대를 넓히면서 지역공동체를 활성화할 수 있다.

이렇듯 자연과의 교감을 회복하는 데 농업은 최상의 활동
이 될 수 있다. 이에 대한 인식이 확산되고 일상적 실천으로
정착될 때 농업의 가치와 농민의 존귀함에 대한 사회적 시각
은 크게 달라질 것이다.

우리가 식량자급을 제일의 과제로 삼을 때 여전히 풀리지 않는 숙제에 직면할 수 있다. 아무래도 좁은 국토에 비해 인구가 너무 많다는 것이다. 이에 대해서는 도시농업 활성화 등 다양한 보완 대책을 마련해야겠지만 최종적인 해답은 통일농업을 통해 마련될 수 있다.

본래 남과 북의 농업은 자연 조건의 차이에 따른 상호보완 관계에 있었다. 대부분이 산악지형인 북쪽은 남쪽에 비해 밭작물, 특히 고랭지작물과 과실류 생산이 유리한 반면 남쪽은 쌀을 위시한 주곡 생산에 상대적으로 유리한 조건을 갖추고 있다. 통일농업을 지향하는 관점에서 남과 북의 특성에 맞는 작부 체계를 갖추면 전체적으로 생산성을 높일 수 있고 이를 통해 식량자급에 한걸음 더 다가설 수 있다.

남쪽의 경우 여건이 갖추어져 쌀농사에 주력한다면 남과 북 모두를 먹여 살릴 수 있을 만큼의 생산량을 확보할 것으로 추정되고 있다. 반면 대부분을 수입에 의존하고 있는 콩 등은 상당 정도 북으로부터 조달할 수 있을 것이다.

그런데 통일농업은 어느 한쪽이 일방적으로 정책 방향을 결정할 수 없는 성질의 것이다. 남과 북 모두의 실정을 고려하여 상호협의 아래 정책 방향을 결정해야 한다. 이런 점에서 통일농업의 구체적 방안을 성급히 논의하기보다는 상호간의 이해를 증진하는 것에서부터 출발하여 공동의 이익을 진지하게 모색하는 자세가 중요하다. 이런 점에서 북한의 농업 동향을 살펴보는 것은 통일농업 모색에서 일차적 과제라고 할 수 있다.

북한 농업의 변화

북한의 농업은 1980년대 중반까지는 식량을 자급할 수 있을 만큼 높은 생산성을 유지해왔다. 협동농장을 중심으로 한 농업 집단화는 농업의 규모화, 기계화, 화학화를 촉진함과 동시에 농업 노동력의 효율적 운용을 보장함으로써 농업 생산성을 높은 수준으로 끌어올렸다. 그러나 1986년 곡물 생산량이 약 711만 톤으로 최고치를 기록한 이후 상황은 확연히 달라지기 시작했다.

높은 생산성을 보장했던 농업 집단화는 노동 의욕을 감퇴시킴으로써 생산성 정체를 초래하는 요인이 되었다. 다른 사회주의 국가와 마찬가지로 절대 빈곤에서 벗어나기 위한 초기 건설단계에서는 집단화가 노동 의욕을 고취하는 요소로 작용한다. 강렬한 집단적 열기가 개인을 고무하는 것이다. 그러나 어느 정도 생활이 안정되면서부터 집단화는 노동 의욕 감퇴 요인으로 작용했다. 열심히 하든 하지 않든 개인에게 돌아오는 결과가 크게 다르지 않았기 때문이다.

문제는 지도층이 이러한 문제점을 제때에 파악하는 것이 쉽지 않았다는 점에 있다. 그동안의 성과가 기존 사회주의 농업 방식에 대해 지나치게 자신감을 갖도록 만들었던 것이다. 그 결과 농업 집단화 시스템에 대해 모종의 변화가 필요하다는 점을 액면 그대로 받아들이기까지는 적지 않은 시간이 필요했다.

이와 함께 자본주의 농업에서 나타나는 지속 가능성 위기와 유사한 현상이 나타났다. 지난날 북한이 재배에 집중한 곡물은 쌀과 옥수수였다. 그 가운데 옥수수는 비료를 다량 흡수하면서 많은 수확량을 보장하는 대표적인 고투입, 고수확 작물이다. 북한이 정책적으로 지역별 자급자족 체제를 추구함에 따라 고수확을 보장하는 옥수수 재배가 빠르게 확대되었다. 그러나 다량의 화학비료가 투입됨에 따라 토지 약탈이 누적되면서 급속하게 지력이 약화되었다. 일종의 지속 가능성의 위기가 야기된 것이다.

　게다가 1990년대 소련 붕괴와 함께 밀어닥친 일련의 위기는 북한 농업에 치명적인 타격을 안겨주었다. 무엇보다도 석유 공급의 축소는 비료 공급의 축소로 이어졌고 석유 부족으로 농기계의 정상적인 운행이 어려워졌다. 엎친 데 덮친 격으로 계속되는 대규모 자연재해는 북한 농업의 생산 기반을 완전 붕괴시키고 말았다. 그로 인해 극심한 식량난이 야기되면서 수많은 아사자가 발생하였고 청소년의 정상적인 발육이 어려움을 겪는 사상 초유의 비극적 상황이 초래되었다.

　가까스로 위기 상황을 넘긴 북한은 조속히 농업 생산을 정상화하고 식량 생산을 증대시키기 위해 갖가지 대책들을 쏟아냈다. 이들 대책은 지난 날의 쓰라린 경험으로 바탕으로 북한의 환경에 맞는 보다 지속 가능한 방향에서 수립되었다. 이를 몇 가지 흐름으로 정리하면 다음과 같다.

　첫째, 식량 증산을 위한 4대 농업방침을 세웠다.

　4대방침은 종자혁명, 두벌농사방침, 감자혁명, 콩농사혁명을 총칭하는 것이다. 이는 한꺼번에 수립된 것이 아니며 일련의 과정을 거쳐 마련된 것이다.

　감자혁명과 콩농사혁명은 쌀과 옥수수에 주력했던 기존 곡물생산 체계에 대한 반성에서 비롯된 것이다. 쌀은 산악지대가 많고 밭농사 위주인 북한 지역 특성에 비춰볼 때 고비용 농사일 수밖에 없다. 산악지대의 경우 남쪽 평야지대에 비해 최고 6배의 비용이 소요되었다는 보고도 있다. 옥수수는 앞서 이야기한 대로 다량의 비료가 투입되었던 대표적인 고투입, 약탈형 농사다. 게다가 옥수수는 두벌농사가 매우 제한적이다.

북한은 이 같은 곡물생산 체계를 과감하게 정리하고 감자와 콩 중심으로 전환했다. 이 가운데서도 콩농사는 비료를 크게 필요로 하지 않을 뿐 아니라 질소 보정을 통해 황폐화된 토양을 개선하는 효과를 낳는다. 또한 콩은 식물성 단백질을 공급함으로써 육류 공급의 부족을 보충해줄 수 있다. 아울러 콩은 논농사는 물론이고 밭농사에서도 다른 작물과 연계하여 두벌농사가 가능하며 논두렁 등 아무 곳에서나 재배할 수 있다. 북한의 상황에 비추어볼 때 콩은 여로 모로 매력적인 작물이었던 것이다.

둘째, 생산 기반을 정비했다.

과거 북한의 농업 생산 기반은 많은 에너지를 소모하는 형태였다. 대표적으로 전기로 작동하는 양수장 중심의 수리 체계를 들 수 있다. 이러한 생산 기반은 1990년대 중반을 거치면서 극심한 자연재해와 에너지 부족이라는 두 가지 요인 때문에 사실상 붕괴되고 말았다.

이러한 상황에서 북한은 과거와는 다른 방식으로 생산 기반 정비를 서둘렀다. 무엇보다도 에너지 소모형에서 탈피하여 물길의 자연흐름을 이용한 자연유역식 수리관계 체계를 도입했다. 대표적인 예로 2002년에는 개천-태청호 물길공사를 완료하여 평안남도 지역에 대한 농업용수 공급이 크게 개선되었으며, 백마-철산 물길공사가 완료되어 평안북도 지역에 대한 농업용수 공급이 개선되었다.

셋째, 농업관리 방식을 변화시켰다.

북한은 2002년 7.1 경제관리조치(7.1 조치)를 통해 제한적 범위에서 시장기구를 활용하는 것을 기초로 하여 가격 체계와 기업별 독립채산제를 도입하는 등 경제관리 방식에서 의미심장한 전환을 시도했다. 북한 당국의 표현을 그대로 빌리자면 아래 단위의 자율과 책임을 강화하는 방향에서 '실리'를 중심으로 경제를 운영하겠다는 의지의 반영이라고 할 수 있다.

7.1 조치 이후 계획 수립, 영농자재 조달, 생산물의 처분권과 가격 결정권 등에서 협동조합의 권한이 이전에 비해 대폭 확대되었다. 아울러 분조 단위를 10~20명에서 5~12명으로 축소하고 성과를 중심으로 분배받도록 함으로써 물질적 자극을 한층 강화했다.

이상의 내용을 종합해볼 때 북한은 농업 분야에서 매우 조심스럽기는 하지만 분명하게 변화를 모색하고 있음을 알 수 있다. 결코 1980년대 이전 방식으로의 복귀는 기대할 수 없을 것이다. 최근 유기농에 대한 관심이 부쩍 늘고 있는 점을 감안하면 앞으로 북한 농업이 어느 방향으로 발전할 것인지는 대략 가늠이 된다. 그것은 고투입, 약탈형 농업에서 탈피하여 지속 가능한 농업을 추구함과 동시에 국가 주도에서 생산 현장

주도로 농업관리 방식이 변화하는 것으로 집약할 수 있을 것이다.

의심할 여지없이 북한은 위기를 극복하면서 의미 있는 변화의 과정에 진입하고 있다. 그러나 기대했던 만큼의 획기적인 성과가 나오고 있지 않다. 단적으로 2005년의 곡물 생산량은 1991년의 540만 톤에도 못 미치는 454만 톤에 그치고 있다.

여기에는 여러 가지 요인이 작용했지만 무엇보다도 영농 자재가 원활하게 공급되지 않은 점이 컸다. 즉 미국의 지속적인 경제 봉쇄로 외부로부터 자본과 기술 유입이 어려워짐에 따라 생산 능력의 획기적인 호전이 이루어지지 않은 것이다. 바로 이 지점에서 남북간의 협력을 통해 북한의 생산 기반을 소생시켜야 하는 절박성이 제기된다.

남북 농업협력의 방향

남북 농업협력은 궁극적으로 통일농업을 통해 식량자립을 실현하는 것이다. 그러자면 남북 농업협력은 남과 북의 절박한 과제를 함께 해결하는 방향에서 모색되어야 한다. 현재 남과 북 농업의 절실한 요구는 남쪽의 경우 국제 농업자본에서 벗어나 자립적 생산 기반을 확보하는 것이라면 북쪽의 경우 취약해진 농업 생산 기반을 복원하는 것이다.

그렇다면 구체적으로 어떤 전략에 입각해서 이러한 과제를 해결할 것인가. 결론적으로 말하면 우선 북에 지원을 확대하여 농업 생산 기반을 복원하고 그 성과를 남한 농업의 자립적 기반 강화로 연결함으로써 민족 전체의 식량자급을 실현하는 것이라고 할 수 있다.

북한 농업이 완전히 자생력을 회복하기 위해서는 상당한 시간이 소요될 것으로 보인다. 그 시간을 단축하기 위해서는 외부의 지원이 절실하다. 이러한 이유로 해서 남북 농업협력은 남쪽이 북쪽을 지원하는 것에서 출발할 필요가 있다. 특히 북쪽이 외화 부족 때문에 식량 수입이 어려운 조건이므로 식량을 지원하는 것은 매우 절실하고 큰 의미가 있다.

1995년부터 2004년까지 대북 식량차관을 포함하여 남쪽에서 정부와 민간단체가 북쪽에 지원한 규모는 금액으로 9억 달러를 조금 넘는 수준이다. 같은 기간 남쪽이 북쪽에 지원한 금액은 우리나라를 포함해 전체 국제사회가 북한에 지원한 금액의 약 30퍼센트를 차지하고 있다. 이 가운데 정부 차원의 지원액은 총 6억 2000만 달러로 전체 대북 지원액의 약 3분의 2를 차지한다.

지원 품목은 쌀, 옥수수 등 곡물, 비료 등 영농자재, 식용류, 의약품 등 다양하다. 정부는 1995년 쌀 15만 톤, 1999년 비료 15만 5000톤, 2000년 비료 30만 톤 이외 차관 형식으로 쌀 30만 톤과 옥수수 20만 톤, 2001년 비료 20만 톤, 2002년 이후 2004년까지 한적(한국 적십자)을 통하여 매년 30만 톤의 비료를 북한에 무상으로 지원하고 장기저리 차관 형식으로 쌀 40만 톤을 제공했다. 이와는 별도로 세계식량계획을 통해 2001년부터 매년 10만 톤의 옥수수를 북쪽에 지원하고 있다.

지난 2002년 이후 매년 남한으로부터 40만 톤의 쌀 지원이 있었는데 최근 남한의 연말 쌀 재고는 약 170~180만 톤 정도다. 남한 측은 쌀 재고가 급증하면서 농민들의 영농 의욕이 저하되고 있는 현실을 감안하여, 예를 들어 북한의 곡물 생산이 정상화되기까지 10년간 매년 40만 톤의 정례적인 지원을 북측과 협의하고 이에 대해 한반도 긴장완화를 위한 상대적 조치를 요구할 가치가 있다.

하지만 이러한 지원은 북의 농업 생산 기반을 복원하고 남북 농업협력을 증진시키는 장기적인 구상 아래 진행되었다고 보기 힘들다. 그때 그때의 정치적 고려 아래 추진된 경향이 강하다.

남과 북이 힘을 합쳐 통일농업을 지향하면 식량자급은 충분히 달성할 수 있다. 이 점에 대해서는 통일 한반도와 인구와 면적에서 비슷한 영국이 좋은 귀감이 될 것이다. 영국은 리카도의 비교우위론에 입각해서 식민지에 비싼 공산품을 팔고 그 대신 값싼 식량을 수입하는 정책을 유지했다. 이러한 정책은 영국의 공업이 절대 우위를 점하고 식민지로부터 식량이 안정적으로 공급된다는 전제에서만 작동 가능한 것이었다.

그런데 바로 이 점에서 문제가 발생했다. 독일, 미국 등이 공업 생산성에서 영국을 앞지르기 시작했고 2차 세계대전 때에는 독일 잠수함이 식량수송선을 격침하면서 대기근이 발생했다. 쓰라린 경험을 한 영국은 2차 세계대전이 끝나자마자 농업강화 정책으로 돌아섰다. 그러자 1946년 70퍼센트로 하락했던 식량자급률은 오늘날 110퍼센트를 웃돌게 되었다.

통일농업이 실현되면 이를 발판으로 국제적 농업협력을 추진할 수 있고 이를 통해 보다 안정적인 식량자급을 실현할 수 있을 것이다. 예를 들면 러시아의 아무르, 하바로프스크, 연해주 등지나 중국의 동북삼성, 삼강평원 등에 남한의 자본과 북한의 노동력이 공동으로 진출하여 농업 생산을 하는 합작투자 사업을 추진할 수 있다.

이 방안은 특정 지역의 농지를 임차한 뒤 북한의 노동력과 남한의 농업 관련 기술을 결합하여 농장을 개발하는 것으로 남북한 모두 상당한 이익이 될 것이며, 통일 이후 한반도 지역의 해외 식량공급 기지로서의 역할도 기대된다.

이러한 국제 농업협력은 일방적인 농업 지배를 추구하는 농업의 세계화와는 근본성격을 달리하는 것이며 도리어 세계화 흐름을 격퇴할 수 있는 유력한 방안 가운데 하나가 될 수 있다.

보론

농민운동의 새로운 모색

그간 농민운동은 여러 갈래로 진행되어왔다. 그리고 각각
의 갈래마다 서로 다른 특성을 보여왔다. 그 중에는 서로 대립
되는 지점도 적지 않았다. 생태농업에 대한 입장 차이는 그
대표적인 경우라고 할 수 있다. 친환경농업에 대해서는 모두
가 원칙적으로 찬성하지만 이를 중심에 둘지 여부에 대해서
는 매우 상이했던 것이다.

이러한 차이점을 염두에 두면 농민운동의 진로를 이야기하
는 것이 대단히 어려운 문제다. 왜냐하면 앞으로 제기하게 될
과제에 대해 받아들이는 각도가 저마다 다를 수 있기 때문이
다. 어떤 경우는 이미 실천적으로 자리잡고 있기에 불필요한
것일 수도 있고 어떤 경우는 종전의 것과 충돌을 빚을 수도 있
다. 따라서 지금부터 제기하는 것은 이러한 차이를 뛰어넘어
극히 일반적 수준에서 던지는 문제의식이라고 보면 틀림없
다. 당연히 저마다의 위치에서 이를 다르게 소화할 수밖에 없
으며 이를 어떻게 소화할 것인가는 전적으로 농민운동가 각
자의 몫이라고 할 수 있다.

한때 농민운동의 가장 중요한 요구는 토지 분배였다. 그리
고 어느 순간엔가 농민의 주요 요구는 농산물의 가격 보장과
농민의 소득 보전이 되었다. 그러면 지금 우리의 요구는 무엇

이 되어야 하는가. 그것은 신자유주의 세계화의 족쇄로부터 농업을 완전히 해방시키는 것이다.

농업은 자신의 완전한 해방을 통해서 안전한 먹을거리 공급 이외에도 생태, 지역공동체, 복지 문제 해결을 위한 새로운 활로를 열어준다. 농업은 사회의 혁명적 변화를 가져오는 선도적인 부문이 될 수 있는 것이다. 이 속에서 농민은 전혀 다른 사회적 지위를 획득할 것이다. 물론 이러한 농업의 역할은 어디까지나 농업 자신의 혁명을 전제로 할 때만이 의미를 갖는다. '신자유주의를 넘어서는 지속 가능한 국민농업'은 바로 이러한 농업 혁명의 대강을 제시한 것이다.

그러면 지금부터 지속 가능한 국민농업을 실행에 옮기기 위해 농민운동은 어떠한 자기변화를 거쳐야 하는지 살펴보자.

대안적 실천을 통해 주도적 위치를 확보해야 한다

그동안 많은 농민운동가들은 투쟁에 전력하면서 농민을 동원의 대상으로 사고해온 것이 사실이다. 동원은 그나마 기술적으로 이루어졌다는 느낌이 강했다. 예를 들면 "이거 막지 못하면 큰 일 납니다" "이번이 마지막이라고 생각하고 힘 좀 보탭시다"와 같은 것들이었다. 본디 사회운동은 대중에게 전망을 주고 열정을 불러일으키는 것에서 출발하는데 그러한 내용은 찾아보기 어려웠다.

이런 식으로 준비된 투쟁을 돌파하면 다행인데 그렇지 못한 경우 심각한 후유증을 남길 수 있다. 실제 한칠레 FTA와 쌀 시장 개방을 막기 위한 투쟁이 거듭 실패하면서 그 같은 현상이 심상치 않게 나타나고 있다. 어차피 안 되는 것 아닌가 하는 패배감에 사로잡히면서 투쟁에 나서기를 꺼려하는 경우가 많아진 것이다.

과연 이러한 상황을 어떻게 타개할 것인가. 참으로 고민이다. 그러나 따지고보면 답은 의외로 쉽게 나올 수 있다. 농민 자신도 열정이 생기고 국민도 공감할 수 있는 방식으로 전환하면 된다. 그 해답은 적극적으로 대안을 제시하고 실천하는 데 있다. 지금의 질서가 대체 불가능한 유일한 질서라고 생각되면 아무리 불만스럽더라도 국민은 참고 견디는 쪽을 선택한다. 오직 지금의 질서를 대체하는 훨씬 나은 미래가 있다는 것을 확신할 때 기성 질서에 강력히 저항한다.

농민은 노동자와 달리 생산 수단을 보유하고 있기 때문에 농업 경영 형태와 관련하여 선택의 폭이 넓다. 결심만 하면 곧바로 대안 농업을 실천할 수 있는 여지가 상대적으로 넓다. 실제로 대안 농업과 관련한 다양한 실험이 진행되어왔고 기술도 상당히 축적되어 있다. 그러므로 대안 농업 실천을 주저하면서 대안 농업을 주장하는 것은 국민적 이해와 동의를 구하기 힘들다.

결국 모든 여건을 다 갖추어 놓은 뒤 시작하는 것이 아니라 적극적 실천을 통해 여건을 성숙시켜야 한다. 일단 가능한 지역에서 지방자치단체의 적극적인 지원 아래 몇 개 부락을 묶어 추진할 수 있을 것이다. 앞서 살펴본 바와 같이 같은 부락에서 생태농업과 관행농업이 병존하는 경우 생태농업은 성공할 가능성이 희박하기 때문이다.

대안 농업을 선택한 지역에 대해서는 재정적·기술적 지원을 집중해야 한다. 이를 통해 참가 농민들이 이익을 얻을 수 있도록 충분한 인센티브를 부여하고 대안 농업의 우월성을 입증해야 한다. 그럼으로써 자연스럽게 다른 농민들의 참여를 촉진할 수 있어야 한다. 일종의 '지역근거지 전략'이라고 할 수 있는 이 같은 과정이 전제가 될 때 국민들도 대안 농업의 가치를 실감하면서 적극적으로 지지할 수 있게 된다.

또한 이러한 조건에서 중앙정부 차원의 제도적 지원을 이끌어내기 위한 노력도 한층 탄력 받을 수 있다. 예컨대 대안 농업 시범 구역을 선정하고 이를 단계적으로 확산시킬 수 있는 구체적이고 현실적인 방안을 마련할 것을 요구할 수 있다. 아래로부터의 적극적 실천을 통해 위로부터의 변화를 이끌어 낼 수 있는 것이다.[14]

그런데 일부 농민운동가들은 정권의 성격이 바뀐 다음에야 대안 농업을 실천할 수 있다고 보고 있다. 이는 한편으로는 옳은 이야기지만 한편으로는 틀린 이야기다. 이와 관련해서는 무엇보다도 1987년 이후 형성된 한국 사회의 이중 구조를 잘 이해할 필요가 있다.

흔히 1987년 민주화 투쟁 이후 절차적 민주주의가 확립되었다고 평가한다. 이는 본질적으로 접근하면 지배 체제는 여전히 퇴행적임에도 불구하고 자율적인 시민사회가 역동적으로 발전을 거듭할 수 있는 공간이 확보되었음을 의미한다. 즉 국가의 억압에서 벗어나 국민들 스스로 주장하고 연대하고 행동할 수 있는 여지가 비약적으로 확장된 것이다.

이러한 조건에서는 시민사회 내부에서 민중적인 합의와 연대, 공동행동이 우선되어야 한다. 달리 말해서 민중의 힘을 결집하고 발동시키는 것이 최우선 과제가 되어야 하는 것이다. 그럴 때 국가를 굴복시킬 수 있는 힘이 마련될 수 있다. 즉 아래로부터의 노력이 기본이 될 때 위로부터의 변화도 이끌어 낼 수 있는 것이다.

생산자 연대를 기초로 한 풀뿌리운동을 전개해야 한다

지속 가능한 국민농업은 개별 농민들의 결단으로 실현될 수 없다. 적어도 한 지역의 농민들이 집단적으로 움직여야 가능하다. 이런 이유로 대안 농업은 기본적으로 전체 농민의 지지와 동의 속에서 추진한다는 원칙을 가져야 한다. 이를 위해서는 반드시 전체 농민을 조직하는 방안이 함께 마련되어야 한다. 종전처럼 소수 농민 중심의 조직 형태에서 과감하게 탈피해야 하는 것이다.

전체 농민을 조직할 수 있는 가장 유력한 방안은 모든 농민이 절실하게 받아들일 수 있는 방향에서 생산 활동에서의 협력을 보장하는 조직을 만드는 것이다. 즉 농민들의 관계를 시장 속에서 경쟁하는 관계가 아니라 생산 기반을 공유하고 협력하는 공동체적 관계가 되도록 만들어야 한다. 이는 농촌 사회에 깊숙이 뿌리내리고 있던 전통의 복원이기도 하다. 작목반에서 출발해 소농을 중심으로 하는 협업 체제는 이러한 가운데 태동하고 발전할 것이다.

이렇듯 전체 농민을 아우르는 생산자 조직이 만들어지고 여기에 유통과 소비를 아우르는 먹을거리 공동체가 결합할 때 시장을 조절 통제하면서 생산 활동을 안정적으로 영위할 수 있는 길이 열린다. 실제 양파 등 일부 작목은 생산자 조직을 바탕으로 가격 폭락 등 시장 교란으로부터 상당히 벗어날 수 있었다.

사실 농업이야말로 신자유주의 세계화 흐름과 가장 격렬하게 충돌하고 있는 부문이다. 시장 만능주의에 대한 정서적 거부감이 가장 넓게 퍼져 있는 곳 또한 농업계라고 할 수 있다. 신자유주의 세계화로 농업이 통째로 자기 땅에서 유배당함으로써 나타난 필연적인 결과다. 역설적으로 이런 점에서 농업의 공동체적 발전 가능성은 매우 풍부하다고 할 수 있다.

그런데 신자유주의를 넘어서는 지속 가능한 국민농업으로의 전환은 단지 농법만 바꾸면 되는 문제가 아니다. 여기에는 무수히 많은 과제가 따를 수밖에 없다. 직불제를 포함한 재정 지원 확대, 각종 농업 관련 공공기관의 역할 강화, 유통망 정비, 식품안전 관련법, 무역 통제 등 각종 제도적 장치가 대안 농업의 확대와 정착에 맞게 조정되어야 한다.

두말할 필요도 없이 이러한 과제들은 농민의 이해를 직접적으로 대변하는 정부가 들어서면 한층 속도감 있게 해결될 수 있을 것이다. 문제는 그러한 정치적 변화가 일어나기 이전 시기를 어떻게 헤쳐 나갈 것이냐에 있다. 앞서 말했듯이 대안 농업 실천은 지금 당상 착수해야 할 과제이기 때문이다.

지속 가능한 국민농업이 전 사회적으로 온전히 정착되기까지 관행농업에 비해 적지 않은 불이익이 발생할 수 있다. 그에 따라 지속 가능한 국민농업으로의 전환 과정은 무수히 많은 경험이 말해주듯이 끊임없이 관행농업으로 복귀시키려는 '시장 유혹'에 시달려야 한다. 지속 가능한 농업의 성공 가능성에 회의를 품으면서 '이탈'할 가능성이 얼마든지 존재하는 것이다.

이러한 시장 유혹을 극복하려면 참가 농민들에게 실질적인 이익을 안겨주는 방향에서 실속 있게 실천 사업을 전개할 필요가 있다. 즉 실현 가능한 목표를 정하고 힘을 집중하여 반드시 성사시키는 풍토를 마련해야 하는 것이다. 그러자면 지방자치단체나 농협을 포함해 농업에 직접적인 이해관계를 갖는 다양한 기관들이 보다 적극적으로 협력하도록 해야 한다.

이 과정이 반복되고 성과가 쌓이면 농민들은 자신감을 갖게 되고 상호간의 신뢰가 돈독해지면서 말 그대로 운명공동체로서의 끈끈함을 얻게 될 것이다. 변함없이 중요한 것은 농민 스스로 체험을 통해 자각하는 것이다. 최대한의 인내력을 갖고 그러한 체험을 조직하는 것이 무엇보다 중요한 이유가 여기에 있다. 이러한 체험과 생산 활동에서의 공동체적 협력이 결합되면 그 효과는 한층 강력해질 것이다. 그럴 경우 공동의 목표가 정해지면 모두가 나서는 폭발력을 발휘하게 된다. 동학 농민혁명이 보였던 엄청난 폭발력의 근원도 바로 농촌 사회에 깊이 뿌리내린 공동체적 관계에 있었다.

그런 점에서 공동체에 바탕을 둔 풀뿌리운동은 거대한 폭발을 예비하는 에너지 축적운동이다. 처음에는 작은 실개천처럼 보이던 투쟁이 모이고 모여서 강물이 되고 마침내 거대한 바다가 될 것이다. 그때쯤이면 민중은 기존의 낡은 정치와 사회 질서를 뒤엎는 총체적 행동에 돌입하게 될 것이다. 그 순간 낡은 질서가 무너지고 온전히 새로운 세상이 열리게 된다.

의제 융합을 기초로 전 국민적 운동으로 발전시켜야 한다

1987년 이전까지 사회운동은 대체로 '민주화'라는 단일한 의제를 중심으로 결집했다. 그러나 이후에는 다양한 의제로 분화되었고 그 같은 의제 분화를 통해 대중적 토대를 확보하는 것이 일반적 추세였다. 이러한 의제 분화 속에서 각각의 의제는 직접적 이해 당사자만의 몫으로 떨어지는 양상이 벌어졌다. 의제 분화가 사회운동에서의 분업을 촉진한 것이다. 그 결과 사실상 농업은 농민만이, 환경 문제는 환경운동단체들만이 책임지는 꼴이 되고 말았다.

이러한 의제 분화에 입각한 사회운동의 분업 체계는 해당 분야에 대한 전문성을 기초로 대중적 토대를 구축하는 데 기여했던 것은 분명하다. 그러나 본질적 지점에서 한계를 지닐 수밖에 없었다. 무엇보다도 지나친 분업 체계는 무엇보다도 절대 다수의 국민들을 어느 곳에도 속할 수 없도록 만들었다. 그 결과 어느 쪽도 광범위한 국민을 참여시키는 데 근본적인 어려움을 겪을 수밖에 없었다. 이제 다시금 반전이 필요한 국면에 도달하게 되었다. 의제 분화가 아니라 의제 융합을 통해 대중적 지지와 동참을 얻을 수 있는 것이다.

우리는 앞서의 논의를 통해서 농업은 그 다원적 가치로 인해 생태, 건강, 지역공동체, 복지, 교육, 의료 등 다양한 사회적 의제와 밀접하게 연관이 있음을 밝힌 바 있다. 아울러 이러한 특성은 도시농업의 활성화를 통해 농촌을 넘어 사회 모든 영역으로 확장될 수 있음을 확인했다. 이러한 점을 감안하여 대안 농업이 실천 과제로 제기되는 첫 순간부터 농업과 연관된 여러 의제들을 하나로 융합시킨 새로운 국민운동이 추진되어야 한다.

지속 가능한 국민농업 실현을 위한 광범위한 네트워크를 구축할 수 있다. 네트워크는 대안 농업, 생태보전, 생산과 유통 소비를 아우르는 먹을거리 공동체 건설, 지역공동체 촉진과 이를 통한 대안 복지 시스템 모색 등 상호 연관된 영역을 포괄하는 통합적 프로젝트를 추진할 수 있을 것이다.

물론 이러한 의제 융합이 가능하기 위한 필수 전제 조건은 농업의 다원적 가치가 발현될 수 있는 지속 가능한 국민농업으로의 전환이다. 관행농업을 고수하는 조건에서는 그러한 의제 융합은 매우 어려울 것이다. 도리어 생태, 건강 등의 의제와 충돌을 빚을 가능성만 키울 뿐이다. 특히 농업과 다른 사회적 의제를 연결하는 고리인 도시농업의 활성화는 처음부터 지속 가능한 생태농업을 전제로 하지 않으면 안 된다. 도시 한복판에서 환경에 유해한 농약과 비료를 살포하는 것은 결코 허용되지 않을 것이기 때문이다.

지속 가능한 국민농업으로의 전환을 통한 의제 융합은 각각의 의제 해결에서 비약적 국면을 열어준다. 농업 입장에서 출발해보자. 의제 융합을 통해 농업은 다원적 가치에 대한 사회적 인정을 받기가 한층 용이해질 것이며 유통과 소비에 대한 안정적 망을 확보할 수 있을 것이다. 무엇보다도 농민 입장에서는 농민만의 외로운 투쟁에서 벗어날 수 있다는 확실한 이점이 있다.

중국 고전 《주역周易》에 "궁즉변 변즉통窮則變 變則通"이라는 유명한 구절이 있다. 풀이하자면 "상황이 극한에 이르면 변화가 일어나고 변화가 일어나면 길이 열린다"가 될 것이다. 그렇기 때문에 거꾸로 기존의 낡은 농업 시스템을 던져버리고 새로운 대안의 농업을 추진할 수 있는 기회가 마련되고 있다. 말 그대로 위기가 곧 기회인 것이다.

이제 호미와 삽을 든 21세기형 게릴라들이 농촌과 도시를 가리지 않고 곳곳에 출몰하도록 해야 한다. 그리하여 국제 농업자본과 첨예하게 대치하는 거점을 다방면에 건설해나가야 한다. 그 과정을 통해 더욱 더 많은 국민들이 농업이 지닌 다원적 가치를 자각하고 농업이 자유무역의 대상이 되면서 형편없이 저평가되는 것에 강한 문제의식을 품기 시작할 것이다.

그것은 곧 지속 가능한 국민농업에 대한 강한 지향과 국제 농업자본에 대한 강한 혐오감으로 이어질 것이다. 이런 점에서 끊임없이 확산해가는 대안 농업 열기는 우리 농업에게는 회생의 기회를 안기는 생명의 늪이지만 국제 농업자본에게는 파멸을 안기는 죽음의 늪이 될 것이다. 그리하여 국제 농업자본을 밀어내고 신자유주의 세계화의 족쇄로부터 우리 농업을 해방시키게 될 것이다. 이러한 과정을 거쳐 세상이 바뀌면서 명실상부하게 지속 가능한 국민농업을 실현하는 비약적인 국면이 열리게 될 것이다.

한걸음 더 나아가 농업은 사회를 살리고 나라를 살릴 수 있으며 궁극적으로 인간을 살리는 역할을 하게 된다. 21세기 새로운 사회는 바로 농업에서부터 길이 열리는 것이다. 그런 점에서 농업은 우리 모두의 신앙이 되어야 한다.

• 주요 농민단체가 대안 농업에 대해 어떻게 사고하고 있는지 알 수 있는 자료들을 소개한다. 각 단체의 강조점이 다소 다르고 미진한 점들이 발견되기는 하지만 기본 방향에서 크게 충돌하지 않음을 알 수 있다.

전국농민회총연맹 강령

1. 경자유전에 입각하여 농민적 농지 소유와 이용 체계를 확립하고 농업 생산 기반을 확충한다.
2. 농축산물 수입 개방을 막아내고 식량자급형 농업을 이룩한다.
3. 농축산물 가격을 보장하고 소득보장형 농업을 실현한다.
4. 농촌 환경을 보전하고 안전한 식량을 공급하여 국민의 건강권을 지키는 환경보전형 농업을 전개한다.
5. 민족자존과 식량주권을 지키기 위해 통일대비형 농업을 추진한다.
6. 전업적 가족농을 기반으로 농업의 협동화를 구축한다.
7. 농축산물 가공·저장·유통을 농업 생산과 연계하여 농민적 경영을 확대한다.
8. 농 관련 산업의 경쟁력을 강화하고 유통 체계를 개혁한다.
9. 현장 중심의 실용성 있는 농업기술을 개발하고 농민교육을 전문화하여 농업 생산성을 향상한다.
10. 농업 산재 및 농작물 재해 대책을 완비하여 농업재해 방지, 복구 및 보상을 제도화한다.
11. 농민의 노후 생활과 복지를 실현한다.
12. 농민에 대한 의료보장제도를 확립하여 농민건강권을 실현한다.

13. 농촌 교육여건을 개선하고 농민 자녀에 대한 교육기회 균등을 실현한다.
14. 농촌지역 생활환경을 개선하고 문화복지 시설을 확충하여 생산적 공동체 문화를 확산한다.
15. 생산농민으로서 여성농민의 권익을 신장하고 농촌 지역의 여성 억압적 봉건잔재를 일소한다.
16. 농협 등 농업 관련 협동조합의 자주화와 민주화를 실현한다.
17. 농업 관련 행정을 민주화하여 농민의 농정 참여를 실현한다.
18. 농업 보호와 발전을 뒷받침하는 재정, 조세, 금융정책을 실현한다.
19. 지방자치단체의 민주적 운영과 농민 참여 확대를 통해 지역 농업을 활성화한다.
20. 나라의 민주화, 민족의 자주화와 조국의 평화통일을 이룩한다.

한국가톨릭농민회의 활동 방향

• 한국가톨릭농민회는 이런 일들을 이루어 나갑니다!

− 생명 중심의 가치관 세계관 확립 : 생명의 소중한 가치를 깨닫고 벌레 하나라도 소홀히 여기지 않는 생명 존중의 자세를 갖도록 하며 일체의 반생명 질서를 거부합니다.

− 생명의 농업 실천 : 땅과 자신을 살리고 세상을 살리기 위해 유기농업, 자연농업 등 생명농업을 개발하고 실천합니다.

− 한국형 농업발전 모형 제시 : 모든 농민과 연대하여 잘못된 농업 정책과 제도를 고치고 생명의 농법으로 생산된 주곡, 잡곡, 채소, 과수, 축산물을 소비자에게 안정적으로 공급하여 식량자급 달성과 한국형 농업발전의 길을 모색합니다.

− 도농 공동체 연대활동 : 농업을 살리는 길은 도시 소비자와 강력한 연대를 통해서 가능합니다. 도농 간에 농산물과 삶을 나눔으로써 생명공동체운동의 실천 기반을 확보해나갑니다.

− 새로운 세상, 살림운동 전개 : 핵무기, 공해, 자연생태계 파괴 등 극심한 생명 파괴의 질서를 거부하고 생명을 존중하고 잘못된 사회구조와 비인간화

된 세상을 바로잡고 나눔과 섬김이 가득한 공동체적 삶을 실천합니다.

-생활공동체 건설 : 개인, 겨레, 이웃 그리고 모든 생명이 하나의 커다란 공동체임을 자각하고 이웃과 올바른 관계를 맺고 발전시키는 생활공동체를 건설합니다.

환경농업단체연합회 창립선언문

• 예로부터 농업은 사람과 하늘(기후)과 땅을 오묘하게 조화시킴으로써 생산물을 빚어내는 산업으로 발전해왔다. 공업화, 도시화를 핵심 내용으로 한 산업사회의 발전은 생산과 자본을 집적·집중시킴으로써 상품 생산의 과잉 구조를 확립하고 '소비가 미덕인 사회'를 추구해왔다.

• 인류는 지금 엄청난 소비 증대를 통해 과거에 볼 수 없었던 풍요로운 물질적 삶의 편익을 누리고 있다. 무제한적인 생산과 낭비적인 소비생활의 영위를 위해 인류는 자연자원이 재생산될 여유도 주지 않고 '쉼 없는 무제한적인 개발'을 지구 도처에서 감행해왔다.

• 자연자원의 개발을 통한 공업화 과정은 자연발생적으로 조성된 인간과 자연간의 신진대사 과정을 교란시킴으로써 의식주의 수단으로 인간이 소비한, 자연으로부터 추출된 성분들이 자연으로 환원되지 않고 자연을 보존하는 데 필요한 조건을 침해하여 결국 '자연(농업)의 반작용'을 초래하였다. 다른 한편으로는 대기와 땅, 물 등 자연 내부 상호 간의 유기적인 관계도 교란되어 공기와 물이 오염됨으로써 지구의 오존층이 파괴되고 토양이 산성화되어 땅이 죽어가고 있는 실정이다.

• 이 같은 자연생태계의 유기적 관계가 총체적으로 파괴되어감에 따라 농업의 해체 현상이 야기되고 급기야 인류의 안전한 먹을거리의 생산마저 위협을 받게 되어 도시 노동자 및 소비자의 육체적 건강과 농민들의 정신 건강을 다 같이 좀먹게 되고 나아가서 인간성 자체까지 왜곡되는 결과를 낳기에 이르렀다.

• 무제한적인 소비생활의 추구는 세계적 규모에서 자연자원의 개발과 자원의 낭비 구조를 정착시킴으로써 경제적 부국과 빈국의 격차를 더욱 심화시킬 전망이고 더욱이 경제적 부국의 환경 제국주의적 경향은 인류의 장래를 더욱 어둡게 하고 있다.

- 20세기 문명을 대표하는 산업화 사상은 인류 생활의 물질적 풍요로움을 가져다주었으나 인간의 생명활동의 장場인 자연생태계의 유기적 질서를 파괴함으로써 인간의 생명활동의 방식과 현대 문명에 대한 위기의식을 고조시키고 있다.

- 따라서 우리는 위기적 상황에 처한 현대 문명의 단점을 비판함과 동시에 21세기를 향한 희망을 선포하고자 이 자리에 모였다. 여기에 모인 생산자 소비자 단체들은 '지속 가능한 개발Sustainable Development' 이라는 관점에서 환경보전형 농업을 통해 어려움에 처한 우리 농업의 현실과 소비자의 안전한 먹을거리 문제를 동시에 해결하고자 뜻을 모았으며, 이러한 과제를 '협동과 연대' 의 방식으로 주체적으로 실천하기 위한 작은 첫 발걸음을 힘차게 내딛고자 한다.

- 우리 생산자와 소비자들은 환경보전형 농업 생산이라는 작은 실천을 통해 '소비(자)를 생각한 생산'의 영역을 새롭게 개척해나갈 것이고, 나아가 '신진대사의 체계적 재건'을 통해 인간다운 삶의 터를 마련하기 위해 창조 질서의 회복과 유지, 보전의 방향을 굳건히 지향함으로써 소비자들의 안전한 먹을거리 문제도 동시에 해결하여 전 국민이 한 마음이 되는 공동체 건설을 향해 나아갈 것을 굳게 천명하는 바이다.

1994년 11월 8일

쌀과 식량주권 아시아 태평양 회의 결과 요약 정리

2006년 5월 14일부터 16일까지 진행된 쌀과 식량주권 아시아 태평양 회의는 선언문을 통해 향후 농업이 나가야 할 방향을 밝혔다. 이 회의에는 한국의 대표적인 농민단체인 전국농민회총연맹(전농)과 전국여성농민회총연합(전여농)이 참여했다.

선언문은 "우리는 민중을 위한 식량주권을 요구한다. 농민은 지속 가능한 방법으로 식량을 생산하고, 신자유주의 정책으로부터 보호되어야 할 권리를 가져야 한다. 식량주권은 자유무역을 극복해야 한다" 라고 밝히면서 다음과 같이 제시했다(중요 항목만 발췌 수록).

- 토지는 지주와 거대 기업이 아닌 소농 그리고 땅 없는 민중에게 소속되어야 한다.

- 민중에 의한, 민중을 위한 종자를 교환하고 재생산할 권리를 장려하라. 종자는 다국적 기업과 정부에 의해 분배될 수 없다. 왜냐하면 그들은 농민을 종자산업의 사슬에서 마지막 사용자로만 만들 것이기 때문이다.

- 우리는 녹색혁명을 규탄한다. 왜냐하면 그것은 종 다양성을 파괴하고 화학물질에 대한 의존성을 조장하고, 환경의 감퇴를 야기하며 많은 소농들을 생활 터전과 땅으로부터 떠나게 만들기 때문이다. 우리는 유기적이고 자연친화적인 농업과 같은 지속 가능한 쌀 생산을 장려한다.

- 농민에 의한 지역 생산과 소비에 기반하는 지역 쌀 경제를 향상시켜라.

- 국내 쌀 수요와 자급자족을 책임지기 위한 가족에 기반한 쌀농사를 장려하라. 우리는 WTO와 FTA에 의해 이루어지는 쌀 무역의 자유주의화를 규탄한다. 그리고 우리는 WTO에서 식량과 농업부문이 제외될 것을 요구한다.

이 회의선언문만 보더라도 세계 농업의 진보적 흐름이 어떻게 잡혀가고 있는지 가늠할 수 있다. 기본적으로 자본의 종자지배, 화학적 방법에 의한 관행농업, 농산물의 자유무역화 등을 반대하며 소농 중심, 지역 중심의 생태 농업을 지향하고 있다고 할 수 있다.

01   박진도 교수는 홍수조절 효과 13조 원, 수자원 함양 및 수질정화 4조 원, 대기정
화 및 기후순화 5조 원, 토양 보전 및 오염원 소화 1조 원, 경관적 가치 1조 원 등
논밭의 환경적 가치는 연간 24조 원에 이르는 것으로 추산한 바 있다.

02   전 세계적으로 막강한 영향력을 행사하고 있는 카길의 기업 지배 구조는 봉건
적이기로 악명 높다. 이 회사를 창업한 카길 가家와 맥밀런 가는 자손 75명에게
주식을 분산하면서 현재 미국 내 기업 중에서 개인 소유 비중이 가장 높은 기업
으로 유명하다. 워낙 '독점적 이윤'이 큰 만큼 기업 공개보다는 '세습'을 선호
하고 있는 셈이다. 한마디로 가장 전근대적인 기업이다. 그럼에도 불구하고 카
길은 경영에서만큼은 현대적 기법을 총동원하고 있다. 가령 생산비를 크게 절
감시켜 줄 유전자공학에 천문학적 거액을 투자해서 유전자 농산물을 세계 전
역에 수출하고 있다.

카길의 최대 강점은 각국 정부보다도 먼저 각국의 농업 작황을 파악할 정도로
기민한 정보력을 확보하고 있다는 데 있다. 카길은 인공위성을 통해 러시아 등
세계 주요 곡창지대의 작황을 매일 세 차례씩 체크하고 있을 정도로 정보력이
대단해서 미국의 CIA조차 카길에서 정보를 알아볼 정도다.

이들은 인공위성과 자회사를 통해 확보한 자료를 기초로 흉작이 들 것이라고
판단되는 경우 미국을 비롯한 전 세계의 해당 곡물을 매점매석한 뒤 가격을 폭
등시키는 수법으로 막대한 차익을 챙기고 있다. 곡물 작황을 놓고 머니게임을
벌이고 있는 시카고 선물시장 등에 개입하고 있음은 두말할 필요도 없다.

카길은 또한 전직 관료 등 로비스트를 고용해 미국 정부를 매수하거나 외국 독
재정권과 결탁해 검은 정치자금을 제공하면서 부당한 폭리를 취하기도 한다.
1976년 한국의 박정희 정권과 미국 정가를 발칵 뒤집어 놓았던 '박동선 커넥

션'의 막후 곡물상도 카길로 알려지고 있다.

03 몬산토를 위시한 국제 농업자본은 종자의 자연생식 능력을 제거하는 터미네이터 기술을 통해 농민들로 하여금 매년 새로운 종자를 구입하지 않을 수 없도록 만들고자 했다. 과거처럼 수확량의 일부를 종자로 사용하는 것이 더 이상 가능하지 않도록 하는 것이다. 이러한 시도는 강한 반대에 부딪혀 상업화를 포기한 상태지만 언제든지 다시 시도할 가능성이 높다.

04 이러한 악순환은 유전자 조작 농산물GMO 등장으로 한층 심각한 국면을 맞이하고 있다. 지금까지 제기된 문제점을 정리하면 ① 유전자 조작 농산물은 유전적으로 획일화된 작물을 보급함으로써 단작을 더욱 확대한다. ② 조작된 유전자가 야생 혹은 반야생 근종으로 전이되어 슈퍼 잡초를 출현시킬 가능성이 있다. ③ 식물 스스로 독소를 품는 Bt작물을 등장시키고 있는데 이는 익충의 감소를 초래할 뿐 아니라 Bt작물의 꽃가루가 바람을 통해 확산되면서 초식곤충의 소멸로 이어질 수 있다.

05 유기농과 관련하여 유기 농산물의 수입 증대가 또 다른 과제로 등장하고 있다. 그 중에서도 중국은 가장 강력한 잠재력을 갖는 경쟁자다. 특히 농업 비즈니스의 국제화로 국내 업체의 중국 진출을 통해 유기 농산물과 관련 제품의 수입이 지속적으로 확대될 가능성이 높다. 이에 대비하기 위해서는 농산물 이력서와 인증제도의 정비가 시급하다. 우리 농산물이 가격에서는 중국 제품에 밀리지만 아직은 품질과 신뢰의 측면에서 앞서기 때문이다.

06 생물학적 성과를 농업에 연결시키는 데서 농업 자본과 생태농업 지지자들은 상이한 입장을 드러내고 있다. 농업 자본은 유전자 조작 등 인위적인 조작 기술을 중시하는 반면 생태농업 지지자들은 자연 그 자체가 품고 무한한 가능성을 중시한다.

07 현재 한국 정부도 공식적으로 친환경 농업을 주요 농업 정책으로 채택하고 있다. 그러나 규모화 전략에 지나치게 치중함으로써 생태적 관점이 전체 농업 정책에 관통하고 있지 못하다. 이는 정부의 규모별 정책 방향에서도 알 수 있는데 전업농(전업농＝규모화＝가격 경쟁력)과 중소농(중소농＝환경농업＝품질경쟁력) 간의 이분법은 그 단적인 예다. 대규모 농가와 중소농가가 혼재되어 있는 우리 농촌의 실정에 비추어 볼 때 이런 조건에서의 친환경 농업은 사실상 불가

능하다. 해충들이 농약을 피해 생태농업 구역으로 몰려들 것이고 비료 사용으로 인한 토양 변질은 지하수 등을 통해 인접 농지에까지 영향을 주기 때문이다. 친환경 농업은 규모의 차이를 떠나 한 지역이 통째로 추진되지 않으면 안 된다.

08 이와 관련한 개념으로 자원순환형 농업이 있다. 자원순환형 농업은 농업 활동 과정에서 발생하는 부산물을 최대한 재활용하고 주변 환경이 수용할 수 있을 만큼의 폐기물을 농업계 외부에 배출하여 선순환이 이루어지는 농업 시스템을 의미한다.

09 우리나라에서 규정하는 도시는 행정적으로 '시'로 분류되는 지역사회다. 시는 인구가 5만 명 이상이고 시가지 내에 거주하는 인구와 상업, 공업 및 기타 도시 산업에 종사하는 가구의 비율이 60퍼센트 이상이어야 한다.

10 지구온난화를 억제하기 위해 세계 각국은 교토의정서를 채택하고 온실가스 감축을 추진하고 있다. 한국도 2013년부터는 온실감축 의무를 이행하도록 되어 있다. 그러나 최대 온실가스 배출 국가인 미국은 교토의정서를 수용하고 있지 않다.

11 이산화탄소, 질소산화물과 에어컨 냉매로 쓰는 프레온 가스 등이 여기에 해당한다. 이 중에서 프레온 가스는 오존층을 파괴함으로써 지표면에 도달하는 자외선 량을 증가시켜 동식물의 조직을 파괴하는 등 큰 피해를 낳는다. 미국 환경보호청 자료에 따르면 향후 10년 동안 지외선 증가에 따른 피부암 때문에 미국에서만 20만 명이 사망할 것이라고 내다보았다.

12 일본은 '특정 농지의 임대에 관한 농지법 등 특례에 관한 법률'(1989)을 제정하여 농업인 이외의 사람들이 지방공공단체 또는 농협조합을 통하여 비영리적인 목적으로 소규모의 농지를 이용할 수 있도록 하였다. 그리고 1990년 5월에는 시민농원 정비촉진법을 제정함으로써 레크레이션 용도의 농지 이외 휴식 시설을 포함하여 도시민이 시민농원을 효율적으로 관리하도록 하였다. 일본 시민농원연구회의 통계에 따르면 1999년 현재 일본 내의 시민농원 수는 6138개로 1990년 이후 급속하게 늘어났다.

13 무상의료에 접근하는 또 다른 길은 국민건강보험을 강화하는 것이다. 국민건강보험은 전 국민을 가입 대상자로 하면서 보험료의 절반을 가입자가 부담하고 나머지는 사용자 혹은 국가가 부담하는 체계를 갖추고 있다. 이러한 국민건

강보험을 통해 무상의료에 접근하려면 무엇보다도 보장성(총 진료비 중 건강보험에서 부담하는 진료비의 비율)이 강화되어야 한다. 선진국의 사례에 비추어 볼 때 건강보험의 보장률이 80퍼센트는 되어야 무상의료에 근접할 수 있다.

고액 진료비가 소요되는 암 등 중증질환에 대하여 2005년부터 보장성 강화를 우선적으로 실시하여 본인 부담금을 10퍼센트로 낮추었으며, 작년부터는 6세 미만 입원 진료비 본인 부담금 면제, 환자 식대의 건강보험 적용 등 꾸준하게 보장성 확대를 위해 노력하고 있으나 아직은 의료비 부담 때문에 가계가 파탄 나는 것을 막기에는 역부족이라고 할 수 있다.

물론 예방의학 등을 통한 사회적 치료비 경감과 국민건강보험의 기능 강화는 결코 양자 선택의 문제가 아니다. 무상의료는 이 두 가지의 적절한 결합을 통해 이루어질 수 있을 것이다.

14 많은 농민활동가들이 지속 가능한 국민농업을 접하면, 방향은 공감하지만 막상 어떻게 착수해야할지 곤혹스럽다는 반응을 보였다. 이에 대해서는 별도의 차원에서 구체적인 프로그램이 마련되어야 한다. 다만 이 기회에 이야기할 수 있는 것은 대안 농업 실천은 결코 개인의 고민 영역이 아니라는 것이다. 그것은 주도면밀한 전략을 바탕으로 조직적으로 추진되어야 할 성질인 것이다. 그런 점에서 당장 관행농업에서 벗어날 수 없는 현실에 대해 지나치게 과민할 필요가 없을 것 같다.